RRRをめぐる対話

大ヒットのインド映画を読み解く

著……山田桂子＋山田タポシ　編集……安宅直子

PICK UP PRESS

RRRをめぐる対話

大ヒットのインド映画を読み解く

著
山田桂子＋山田タポシ
編集…安宅直子

■劇中の字幕テキストを引用する際には、読者の便宜を考え、ストーリーのどのあたりのものであるかを〔000分頃〕のように大まかな時間で示しています。劇場上映、配信やDVDなど、メディアによって多少の誤差があるため、目安としての時間であることをご了承ください。

■劇中歌を引用する際には、♪《ドースティ》のように日本語で記述しています。これは39分頃のソング「Dosti」のことですが、日本語訳やカタカナ表記はあくまでも本書の中だけのものです。

トレイラー

物語の世界へ

『アマル・チトラ・カター』(英語版)として刊行されたマハーバーラタのエピソードをまとめたボックスの表紙(©Amar Chitra Katha Ltd., 2016)。クリシュナ神の言葉ですべての迷いを払拭したアルジュナが最終戦争を戦う決意をした場面。

1974年に公開された『Alluri Seetarama Raju』のDVD(©Universal Home Entertainment)のカバー。

『RRR』の本国公開後に発行された『Outlook (India)』誌2022年12月5日号表紙。トライブに関する特集号で、「水と森と大地を」(Jal Jangal Jameen)とある。

ハイダラーバード郊外で兵士の監視の下、徴税米の籾摺り作業をする現地民。まだ写真報道が一般的でなかった時代、イギリスの新聞では画家のイラストによってインド統治の様子が報道された。
(*The Illustrated London News*, 1891/10/17)

手描き工芸カラムカーリーで作られた絵巻物ラーマーヤナの一部。ハヌマーン（左）がラーマ（右）に手を合わせている場面。

4分の1アンナ硬貨1908年（上）、1ルピー硬貨1905年（下）。ロキにエドワードが投げた貨幣は4分の1アンナ硬貨（1905年鋳造）だが、それが地面に落ちたときの音は1ルピー硬貨の音。

2002年に当時のアーンドラ・プラデーシュ州政府が発行した、ゴーンドを紹介するリーフレットの表紙。伝統舞踊グッサーディーを踊る際の衣装を身につけている。

インド帝国

REFERENCE NOTE

BRITISH INDIA COLOURED .... RED

TERRITORIES PERMANENTLY ADMINISTERED BY THE GOVERNMENT OF INDIA .... PINK

NATIVE STATES AND TERRITORIES .... YELLOW

RAILWAYS SHOWN THUS ....

The Edinburgh Geographical Institute

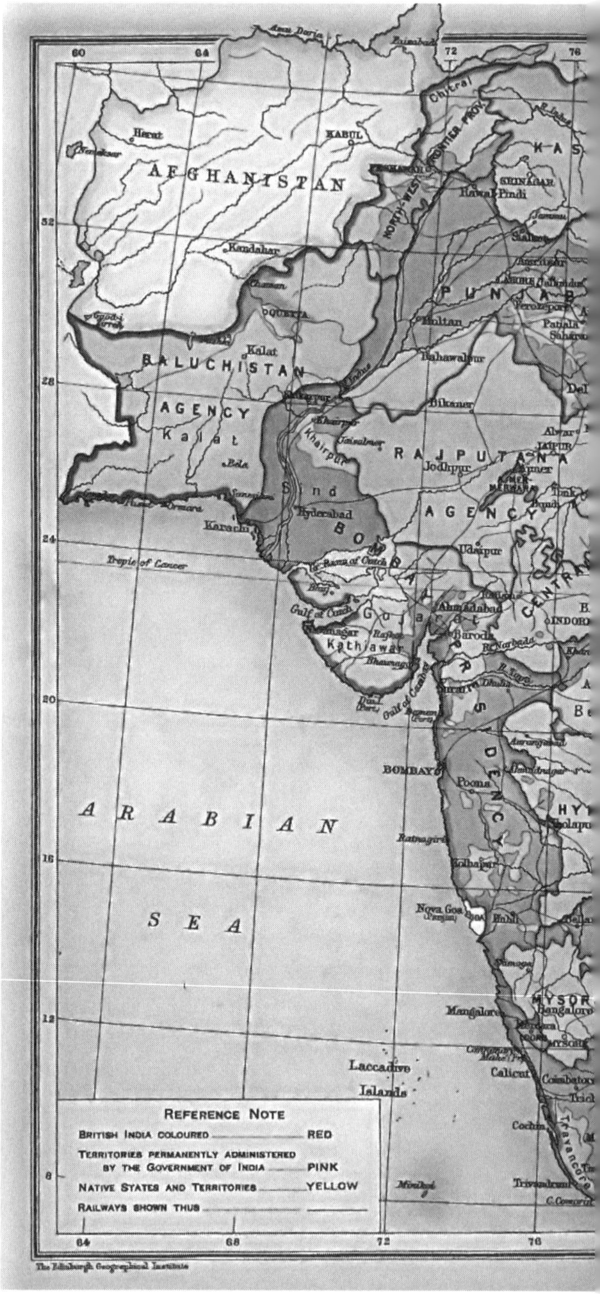

Wikimedia Commons より、British Indian Empire 1909 Imperial Gazetteer of India
Source: Oxford University Press, 1909. Scanned and reduced from personal copy by Fowler&fowler, 18:10, 5 August 2007 (UTC)
Author: Edinburgh Geographical Institute; J. G. Bartholomew and Sons.

Imperial Gazetteer Atlas of India, Plate 20.

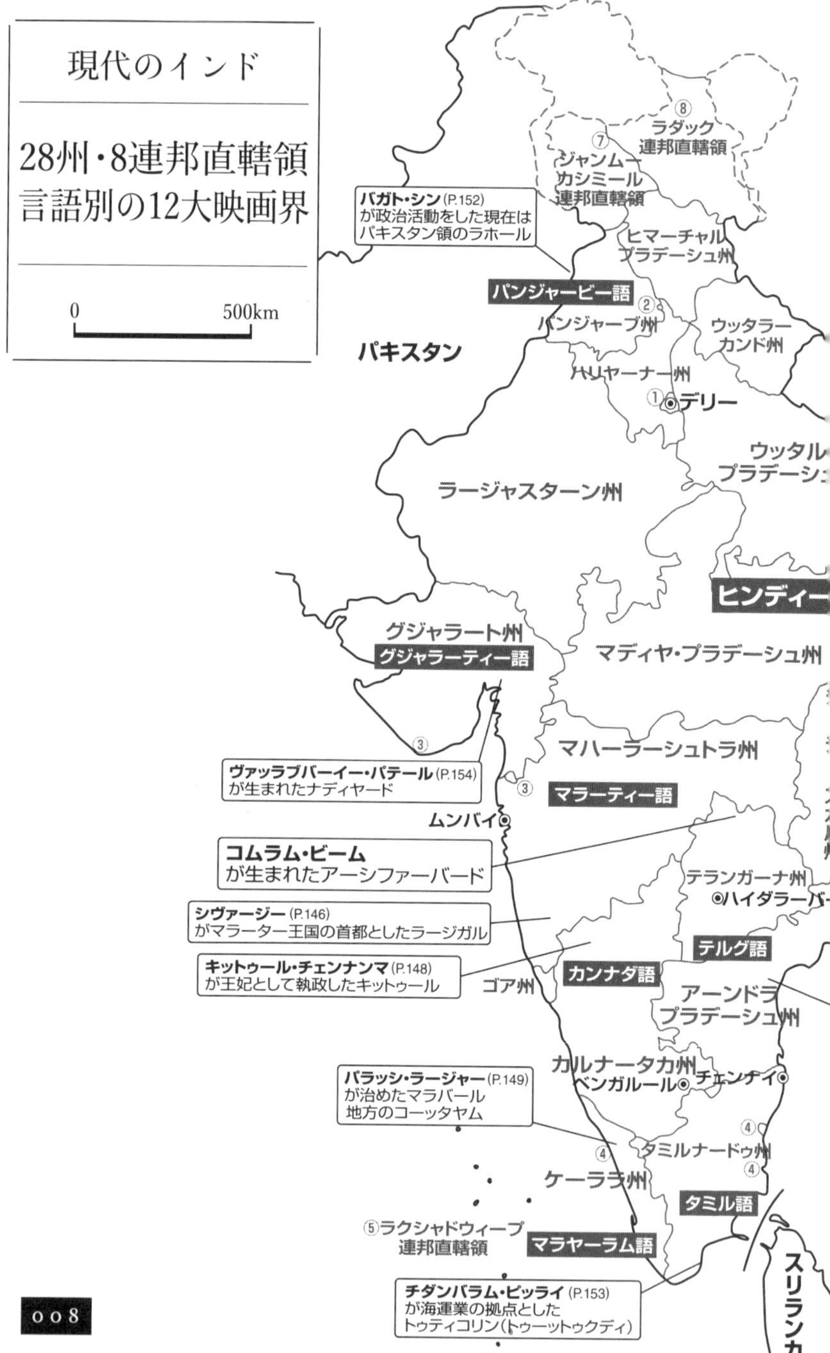

現代のインド
28州・8連邦直轄領
言語別の12大映画界
0
500km
パキスタン
バガト・シン(P.152)
が政治活動をした現在は
パキスタン領のラホール
⑧ラダック
連邦直轄領
⑦ジャンムー
カシミール
連邦直轄領
ヒマーチャル
プラデーシュ州
パンジャービー語
②パンジャーブ州
ウッタラー
カンド州
ハリヤーナー州
①デリー
ウッタル
プラデーシュ
ラージャスターン州
ヒンディー
グジャラート州
グジャラーティー語
マディヤ・プラデーシュ州
③
マハーラーシュトラ州
ヴァッラブバーイー・パテール(P.154)
が生まれたナディヤード
③
マラーティー語
ムンバイ
コムラム・ビーム
が生まれたアーシファーバード
テランガーナ州
ハイダラーバ
シヴァージー(P.146)
がマラーター王国の首都としたラージガル
テルグ語
キットゥール・チェンナンマ(P.148)
が王妃として執政したキットゥール
ゴア州
カンナダ語
アーンドラ
プラデーシュ州
カルナータカ州
ベンガルール
チェンナイ
パラッシ・ラージャー(P.149)
が治めたマラバール
地方のコーッタヤム
④
④
タミルナードゥ州
④
ケーララ州
タミル語
⑤ラクシャドウィープ
連邦直轄領
マラヤーラム語
スリランカ
チダンバラム・ピッライ(P.153)
が海運業の拠点とした
トゥティコリン(トゥーットゥクディ)

8つの連邦直轄領

① デリー連邦直轄領
② チャンディーガル連邦直轄領
③ ダードラー・ナガル・ハヴェーリー
およびダマン・ディーウ連邦直轄領
④ ポンディシェリ連邦直轄領
（ポンディシェリ、カーライッカール、マヘ、ヤーナームの4ヶ所）
⑤ ラクシャドウィープ連邦直轄領
⑥ アンダマン・ニコバル諸島連邦直轄領
⑦ ジャンムー・カシミール連邦直轄領
⑧ ラダック連邦直轄領

アッルーリ・シーターラーマ・ラージュ
がトライブを率いた反乱を起こしたランパ地方

ングトゥーリ・プラカーシャム（P.146）
生まれたオンゴール地方

12大映画界

ヒンディー語………	マハーラーシュトラ州ムンバイが製作拠点
テルグ語……………	テランガーナ州ハイダラーバードが製作拠点
タミル語……………	タミルナードゥ州チェンナイが製作拠点
カンナダ語…………	カルナータカ州ベンガルールが製作拠点
マラヤーラム語……	ケーララ州内外の主要都市で製作される
マラーティー語……	マハーラーシュトラ州ムンバイが製作拠点
ベンガル語…………	西ベンガル州コルカタが製作拠点
グジャラーティー語…	グジャラート州アフマダーバードが製作拠点
パンジャービー語……	パンジャーブ州アムリトサルやモーハーリーなどで製作される
オディヤー語………	オディシャー州ブヴァネーシュワルやカタクなどで製作される
ボージプリー語……	ビハール州パトナーやウッタル・プラデーシュ州ラクナウで製作される
アソム語……………	アソム州グワーハーティーなどで製作される

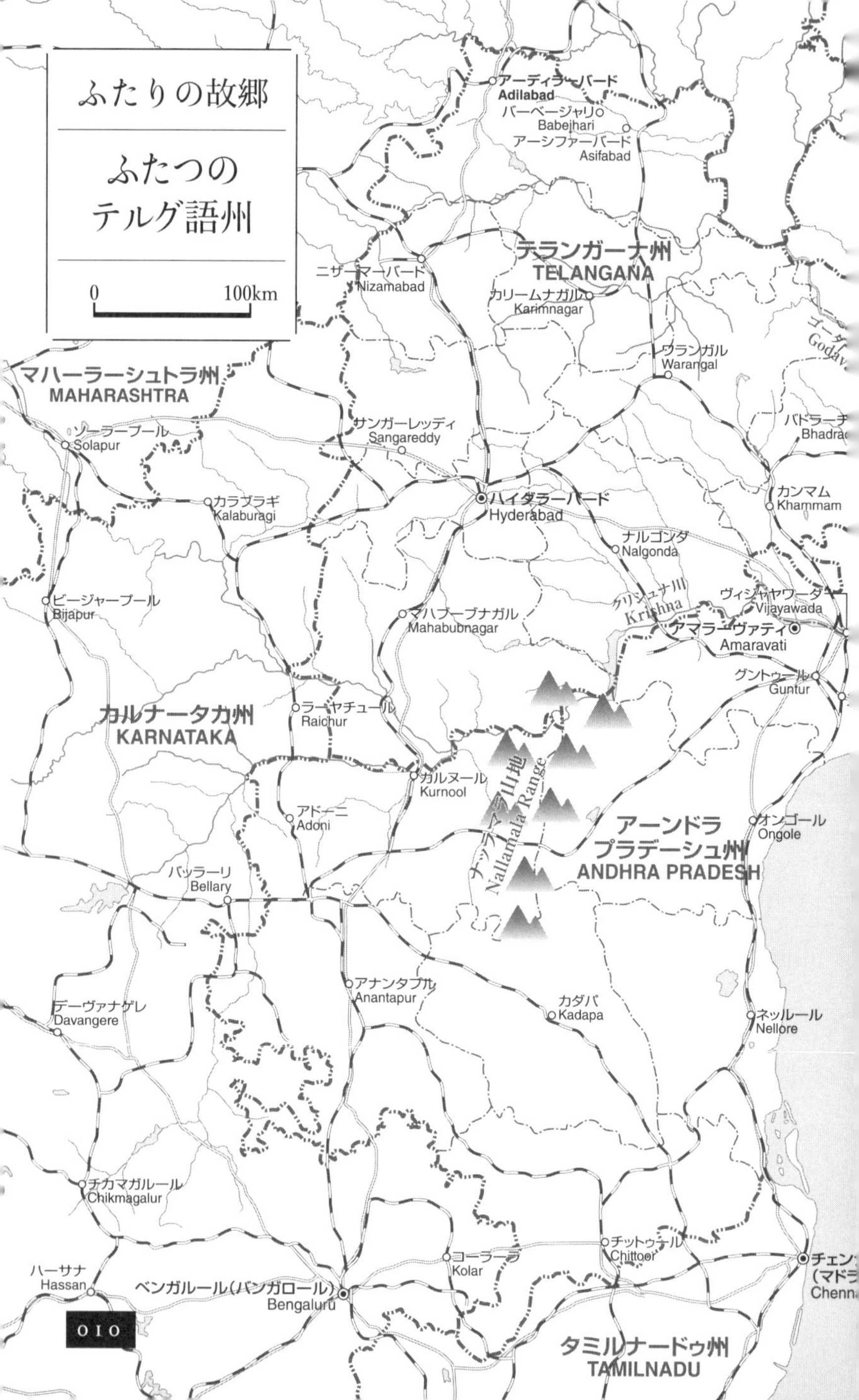

ふたりの故郷
ふたつの
テルグ語州
0
100km
アーディラーバード
Adilabad
バーベージャリ
Babejhari
アーシファーバード
Asifabad
テランガーナ州
TELANGANA
ニザーマーバード
Nizamabad
カリームナガル
Karimnagar
ワランガル
Warangal
マハーラーシュトラ州
MAHARASHTRA
ソーラープール
Solapur
サンガーレッディ
Sangareddy
カラブラギ
Kalaburagi
ハイダラーバード
Hyderabad
カンマム
Khammam
ナルゴンダ
Nalgonda
ビージャープール
Bijapur
マハブーブナガル
Mahabubnagar
クリシュナ川
Krishna
ヴィジャヤワーダ
Vijayawada
アマラーヴァティ
Amaravati
グントゥール
Guntur
カルナータカ州
KARNATAKA
ラーヤチュール
Raichur
カルヌール
Kurnool
ナッラマラ山地
Nallamala Range
アドーニ
Adoni
アーンドラ
プラデーシュ州
ANDHRA PRADESH
オンゴール
Ongole
バッラーリ
Bellary
アナンタプル
Anantapur
カダパ
Kadapa
デーヴァナゲレ
Davangere
ネッルール
Nellore
チカマガルール
Chikmagalur
チットゥール
Chittoor
コーラーラ
Kolar
ハーサナ
Hassan
ベンガルール(バンガロール)
Bengaluru
タミルナードゥ州
TAMILNADU

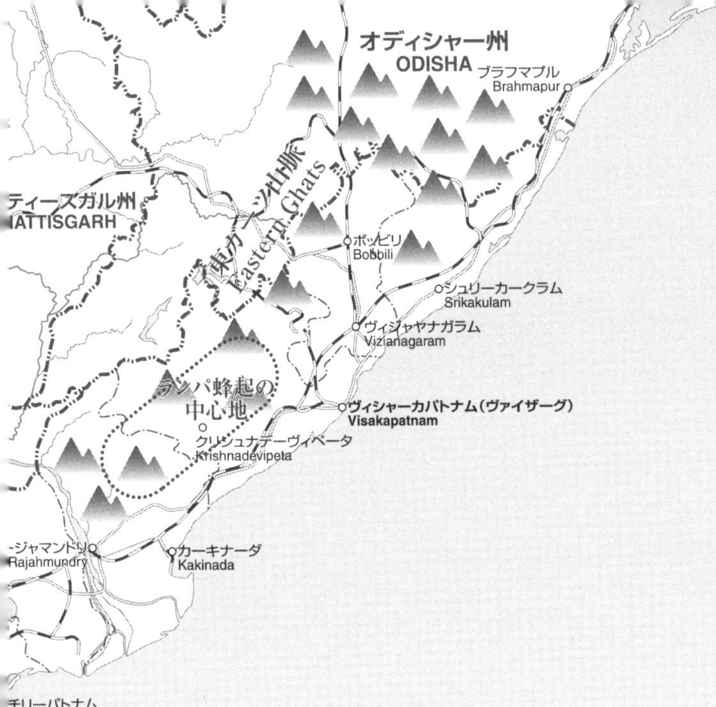

ベンガル湾
Bay of Bengal

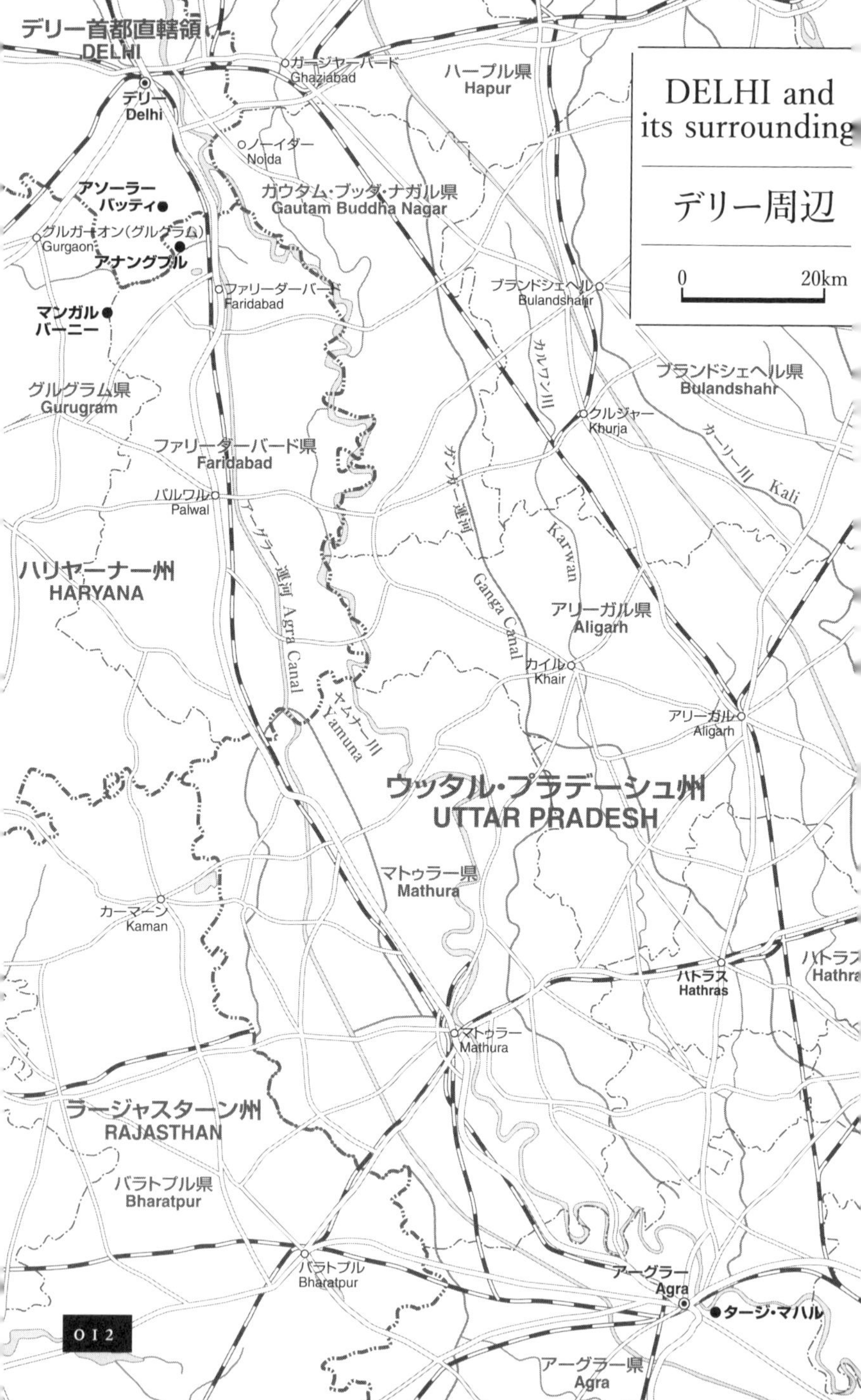
DELHI and its surrounding
デリー周辺
0
20km
デリー首都直轄領
DELHI
デリー
Delhi
ガージヤーバード
Ghaziabad
ハープル県
Hapur
ノーイダー
Noida
ガウタム・ブッダ・ナガル県
Gautam Buddha Nagar
アソーラー
バッティ
グルガーオン（グルグラム）
Gurgaon
アナングプル
ファリーダーバード
Faridabad
マンガル
バーニー
ブランドシェヘル
Bulandshahr
カルワン川
ブランドシェヘル県
Bulandshahr
グルグラム県
Gurugram
クルジャー
Khurja
カーリー川
Kali
ファリーダーバード県
Faridabad
ガンガー運河
パルワル
Palwal
アーグラー運河
Karwan
ハリヤーナー州
HARYANA
Agra Canal
Ganga Canal
アリーガル県
Aligarh
カイル
Khair
ヤムナー川
Yamuna
アリーガル
Aligarh
ウッタル・プラデーシュ州
UTTAR PRADESH
マトゥラー県
Mathura
カーマーン
Kaman
ハトラス
Hathras
ハトラス
Hathras
マトゥラー
Mathura
ラージャスターン州
RAJASTHAN
バラトプル県
Bharatpur
バラトプル
Bharatpur
アーグラー
Agra
タージ・マハル
アーグラー県
Agra

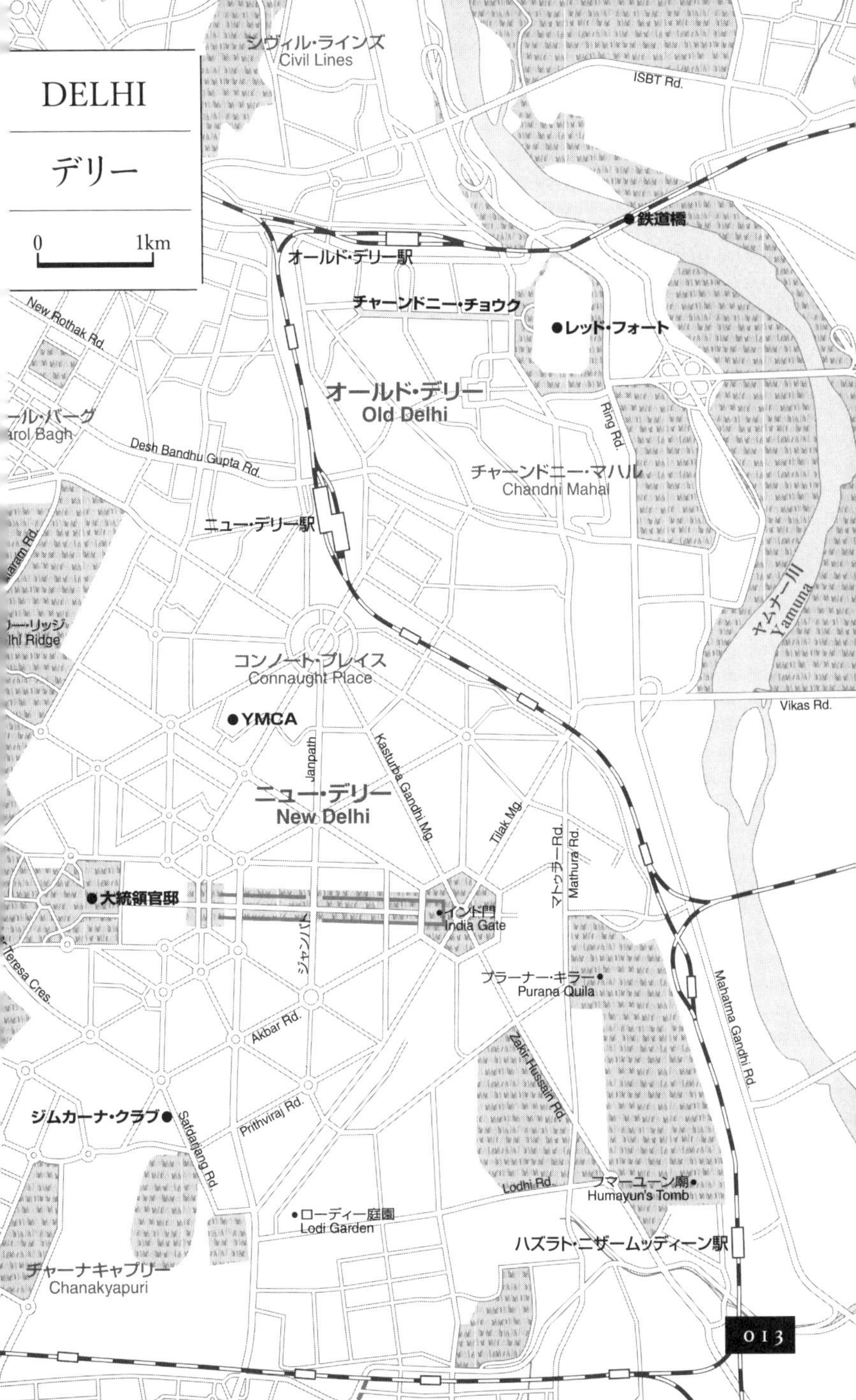
DELHI
デリー
0
1km
シヴィル・ラインズ
Civil Lines
ISBT Rd.
鉄道橋
オールド・デリー駅
チャーンドニー・チョウク
レッド・フォート
New Rothak Rd.
オールド・デリー
Old Delhi
Ring Rd.
Desh Bandhu Gupta Rd.
チャーンドニー・マハル
Chandni Mahal
ニュー・デリー駅
ヤムナー川
Yamuna
コンノート・プレイス
Connaught Place
Vikas Rd.
YMCA
Janpath
Kasturba Gandhi Mg.
ニュー・デリー
New Delhi
Tilak Mg.
マトゥラー Rd.
Mathura Rd.
大統領官邸
インド門
India Gate
ジャンパト
プラーナー・キラー
Purana Quila
Teresa Cres.
Akbar Rd.
Mahatma Gandhi Rd.
Zakir Hussain Rd.
ジムカーナ・クラブ
Safdarjang Rd.
Prithviraj Rd.
Lodhi Rd.
フマーユーン廟
Humayun's Tomb
ローディー庭園
Lodi Garden
ハズラト・ニザームッディーン駅
チャーナキャプリー
Chanakyapuri

登場人物

エンドロールのクレジット登場順（一部に曖昧な部分を含みます）

ビーム／アクタル／コムラム・ビーム　アーディラーバード地方のゴーンド人。コミュニティの守護者。スコット総督夫妻に連れ去られた妹分マッリを奪還するため、アクタルと名乗りデリーで修理工となって潜伏。ラーマが警官と知らないまま親友となる。マッリが軟禁されている総督邸を襲撃するも失敗、警官ラーマと激しい格闘の末、捕らえられる。鞭打ち刑の後、死刑宣告を受けるが、改心したラーマの助けでマッリとともに逃走。途中のハトラスでラーマの許婚シータと出会い、ラーマの真実を聞かされると、デリーに戻って獄中のラーマを救出。最後はラーマとともにスコットらを打ち破り、無事マッリを連れて故郷に帰還する。

ラーマ／A・ラーマ・ラージュ　テルグ人の民族運動家。幼い頃父親の自爆を手伝った際、イギリス植民地支配からの解放闘争のため故郷の村人全員に武器を届けるという使命を父から託される。おじとともに警官として首都デリーで潜伏する間にビームと出会い、捜索中の容疑者と知らないまま親友になる。しかしビームの正体を知ると、使命のためにビームを捕らえて政府に引き渡し、その功労によって特別捜査官の地位を得る。その後、自らの誤りに気づき、ビームを救う決心をして逃走を助けたため、投獄され死刑宣告をうける。後に、救出に来たビームと脱獄。追って来たスコット勢と対決し激戦の末、打ち破る。最後は無事、約束の銃を持って故郷に帰還する。

ヴェンカタ・ラーマ・ラージュ／師匠　ラーマの父。イギリス統治の残虐性を見て職を放棄しインド民族運動の闘士となる。故郷の村で民兵を組織し訓練しているところをイギリス人から急襲され、勝ち目がないと悟ると息子ラーマに使命を託し、ラーマの協力でイギリス人たちを巻き込み、自ら爆死する。

シータ　ラーマの交叉イトコで許婚。故郷でラーマの帰還を待つが、ラーマの遺体を引き取りに来るようにとの政府の手紙を受け取りデリーに向かう途中、ハトラスで偶然逃走中のビームらを助けたことで邂逅する。

ビームにラーマの真実を語り、ビームを「大義」へと目覚めさせる。

サロージニ ラーマの母で、ヴェンカタ・ラーマ・ラージュの妻。イギリス人によって故郷の村が急襲された際に射殺される。

ヴェンカテーシュワルル ラーマのおじ。ラーマの父ヴェンカタ・ラーマ・ラージュから警察に潜入する任務を託される。ヴェンカタ・ラーマ・ラージュの死後は、ラーマとともに警官としてデリーに潜伏し、ラーマが使命を果たすための手助けをする。

スコット・バクストン インド総督。趣味は狩猟。インド人の命はイギリス製の銃弾1発にも劣ると主張する残忍な人種差別主義者。妻キャサリンに乞われてマッリをデリーの総督邸に連れ去る。当初はラーマの忠誠心を信頼していたが、その後ラーマがビームとマッリを逃走させたことからラーマが反逆者と知り、捕らえて死刑を宣告。脱獄したラーマとビームに軍勢を送るが逆襲され、妻キャサリンとともに殺害される。

キャサリン スコットの妻。アーディラーバードの森で夫の狩猟に同行した際、そこで出会ったゴーンド人の少女マッリの歌と絵が気に入り、夫にねだって総督邸に連れ去る。その後、側近のエドワードからマッリを奪還するための追手がデリーに潜伏しているという情報がもたらされると、その追手を生け捕りにすることを条件にラーマに特別捜査官の地位を与えると約束。捕まったビームに残酷な鞭打ち刑を科す。最後は夫スコットとともに殺害される。

ジェニー/ジェニファー スコットの姪。総督邸での暮らしに馴染めず、車がパンクした際に知り合いになったアクタルに好意をもつ。アクタルを社交クラブのパーティーや総督邸の自室に招待するも、言葉が通じず距離を縮めることができない。ビームの総督邸襲撃の現場にいてアクタルの正体を知るが、その後ビームが獄中のラーマを救出に向かう際に、兵舎と牢の見取り図を渡して協力する。最後は総督邸を出てシータらと合流し、ビームとの再会を果たす。

ニザーム藩王国の顧問 藩王国からの使者としてエドワードに面会し、マ

ツリを返還すべきと進言。ゴーンド人の強力な結束について忠告する。

ジャング ビームの親友。スコット夫妻に連れ去られた少女マッリを奪還するため、ビームとともにデリーに潜伏した3人のゴーンド人のひとり。総督邸襲撃ではトラックの荷台に乗り、檻を開け、動物を放つ役目をつとめる。

ペッダイヤ ビームと同じゴーンド・コミュニティの長老。劇中では長老を意味するペッダイヤと呼ばれる。ビームとともにデリーに潜伏した3人のうちのひとり。総督邸襲撃でトラック運転手をつとめる。

ラッチュ ビームの親友。ビームとともにデリーに潜伏した3人のゴーンド人のひとり。塗装工として働く。ビームの捜索のため反英政治集会に来たラーマに、警官と知らず接近して逆に追われる身となる。姿を隠すがラーマに捕まり拷問される中、毒蛇を使ってラーマを襲い、それによってラーマから解放される。

エドワード スコットの側近。ニザーム藩王国の顧問からマッリを返還するよう進言されるが一笑に付す。最後の戦闘でビームに殺害される。

ロバート 総督邸の安全管理をつとめる警官。バイク修理への不満からアクタルに暴行する。アクタルがジェニーと総督邸に来ると、正門からの入邸を拒否。後日、総督邸襲撃に来たビームによって総督邸の鍵を奪われる。

イギリス人官僚1 1万人の群衆と戦って犯人を捕まえたラーマを表彰せず、イギリス人3名を表彰する。またビームの潜伏を聞いて「虫けらを退治しましょう」〔26分頃〕と言う。

イギリス人官僚2 エドワードにビームを「どうやって逮捕する?」〔26分頃〕と聞く。

イギリス人官僚3 「前科もない部族民を捕まえる?」〔26分頃〕と尋ねる。

ジェイク ダンスが得意なイギリス人。ジェニーに好意を持っているが、ジェニーがアクタルとダンスをするのを見て嫉妬し挑発。しかし♪《ナートゥ・ナートゥ》のダンスバトルで敗れる。

トーマス 総督邸の正門の守衛。腕章を持っていなかったジャングを殴ってジェニーから叱られる。

マッリ ゴーンド人の少女。ロキの娘。歌と絵が総督夫人キャサリンに気に入られ、デリーの総督邸に連れ去られる。後にラーマによって救い出され、ビームとともに逃走。最後はビームらとともに故郷の村に帰還する。

ロキ マッリの母親。娘マッリの奪還をビーム、ペッダイヤ、ジャング、ラッチュの4人に託し、村で娘の帰りを待つ。

ラーマの弟／チンナ 村の襲撃時に母サロージニとともに殺害される。

ムスリムの親方 デリーで修理工場を営む。ビームを匿い、後にビームとともにハトラスへ逃走する。

ムスリム親方の妻

ムスリム親方夫婦の娘

投石男 ラーラー・ラージパト・ライの逮捕に抗議して警察署前に集まった1万人の群衆のひとり。イギリス国王の肖像に投石した罪でラーマに捕まる。

警官1 ラーマに「IDを」〔31分頃〕と要求する。

警官2 ラーマのIDを見て「警察官だ」〔32分頃〕と言う。

魚釣りの少年 ヤムナー河で釣りの最中に鉄道橋の事故で遭難するが、ラーマとアクタルに救出される。

イギリス人警視 1万人の群衆に襲われ「今すぐ 応援部隊を!」〔7分頃〕と電話で頼む。キャサリンにラーマを「保証しましょう」〔27分頃〕と推薦する。

イギリス人副警視 上官の警視に1万人の群衆に「恐怖を感じます」〔13分頃〕と訴える。

登場人物

反乱群衆の長

エドワードのインド人通訳

インド人役人　パーラクリティ村で村長の罪状を読み上げる。

イギリス人役人　ヴェンカタ・ラーマ・ラージュに降伏を迫る。

ロバートの恋人

村の長老　パーラクリティ村の長老レッディ。水害で納税を拒否し、調査に来たイギリス人調査官を襲ったかどで、スコットの指示により死刑に処される。

インド人通訳

スコットの運転手

ラーマの故郷の村人（マニほか6名）

修理工

アフリカ人ドラマー

鞭打ち刑場の通訳

兵士

そのほかセリフのある無名の登場人物

「ラーラー・ラージパト・ライに自由を！」〔6分頃〕などと叫ぶ男たち

反英政治集会で演説する男とその通訳

♪《ドースティ》中、綱引きで号令をかける子ども

ジェニーに市場で「現地人との接触は危険です」〔50分頃〕と言うイギリス人

自分が最高のダンサーだと言うジェイクに「賛成に1票」〔53分頃〕と言うイギリス人

ダンスパーティーで「ジェニー」「〔54分頃〕と声をかけるイギリス人

♪《ナートゥ・ナートゥ》の終盤で「負けるわけにいかない」〔60分頃〕などと叫

ぶイギリス人

ヴェンカテーシュワルルにアクタルの似顔絵を見せられて「知らない」〔63分頃〕と答える街の男たち

総督邸での祝宴の夜に、「確認が済みました」〔65分頃〕とロバートに鍵を渡すイギリス人

総督邸で「なんて盛大なパーティーかしら」〔82分頃〕と言うイギリス人

修理工場を捜索して「見当たりません」〔96分頃〕と言うイギリス人

修理工場を捜索して「逃げられました」〔96分頃〕と言うイギリス人

ヴェンカタ・ラーマ・ラージュに「模型だけの教練なんて」〔98分頃〕と訴える村人

スコットの命令をうけ、パーラクリティ村の村長を「はい」〔100分頃〕と言って処刑するイギリス人

ヴェンカタ・ラーマ・ラージュに「戦いましょう」〔105分頃〕と迫る村人

ヴェンカタ・ラーマ・ラージュを「脅かしましたよ」〔106分頃〕と上官に言うイギリス人

市場でビームの鞭打ち刑を告知するイギリス人

移送車に乗るビームに近づくヴェンカテーシュワルルに「何してる」〔132分頃〕と言うイギリス人

ハトラスで「刑場から逃亡中の罪人あり」〔144分頃〕とアナウンスをするインド人

ハトラスで「我々は警察だ」〔144分頃〕と言うイギリス人

ハトラスで「天然痘の患者が」〔145分頃〕と言うインド人

兵舎で「完全包囲だ」〔157分頃〕などと言って戦うイギリス人

字幕に名前が出るセリフのない登場人物

ラーラー・ラージパト・ライ　フィリップ・アンダーソン　チャールズ・ランフォード　フランク・プール　ニザーム　ジョージ王　マックス　マギー

プロローグ

山田　タポシさん、私たちの四方山話がついに本になりました。もとはといえば、地元茨城県の小さな映画館、われらが「あまや座」での、いつもどおりのお喋りだったんですけどね。それがだんだん大ごとになってしまってここまで来たので、いちおうこれまでの経緯を簡単に振り返っておきたいと思います。

　なお、私たちは姓が同じ山田ですが、ただの偶然です（笑）。紛らわしいので、ここでは便宜上「山田」と「タポシ」で区別しました。最初にひとことずつ、自己紹介しますか？

タポシ　では、ぼくから。わたくし、山田タポシは十代の頃から映画監督になりたかったくらい映画好きなんですが、二十代はヨーガ行者になるつもりで何度も訪印しては放浪したりヨーガ道場に住み込んだりしていました（笑）。タポシは、そのとき師（グル）から授かった名前です。現在は水戸で映画好きの仲間たちと上映会の開催、あまや座や水戸映画祭ではインド映画はもちろん様々な映画の解説トークやゲストを迎えてのMC、地元のラジオでは映画情報を発信したりと、インドと映画三昧な日々を過ごしながら、花乃子（かのこ）という猫と一緒に暮らしています。

山田　私はインド近現代史が専門の大学教員で、テルグ語地域をフィールドにしています。テルグ語ができる日本人は珍しいということで（笑）、これまでも字幕監修に携わってきました。

　この字幕監修という仕事ですが、通常日本語字幕はプロの字幕翻訳者の方が英語の台本などから書き起こします。『ＲＲＲ』の場合は藤井美佳さんです。私はその字幕案を原語のテルグ語と照らし合わせて、英語を挟んだぶん原語から遠ざかってしまったところを、オリジナルのニュアンスに引き戻すよう修正箇所を提案します。その修正提案を考慮に入れながら、字幕翻訳者が最終字幕を仕上げてくれるんです。

タポシ　ぼくは『バーフバリ 伝説誕生』（テルグ語, 2015）を映画館で観たとき、山田さんの名前を見つけてびっくり！　あまや座に絶叫上映&解説トークのイベント企画を持ち込み、お誘いしたんですよね。

山田　そうです。それまで長い間音信不通だったんですけどね（笑）。

タポシ　まあまあ（笑）。

山田　では自己紹介はここまでで、今回はよろしくお願いします。

タポシ　こちらこそよろしくお願いします。
　では本書の話に戻りましょう。『ＲＲＲ』が日本で公開されたのは2022年10月21日です。あまや座での解説トークは2023年1月21日と22日に2回開催されました。当時はまだコロナ感染が懸念されていたので、初回だけ応援上映でそれも無発声でした。そんな状況でも満席31席の2回分、62席が予約開始後一瞬で埋まりました。

山田　全国からお客さんが集まってくださって嬉しかったです。

タポシ　ぼくたちのトークはいつも、事前に山田さんが筋書きを考え、そのあとふたりで話し合いながら内容を決めていき、ぼくが当日使うスライドにまとめる、とまぁそんな感じです。ぼくは当日司会で、山田さんがぼくの振った質問や話題に答えながら話を膨らませます。そうしてふたりで対話しながら解説する、という形です。あまや座では『ＲＲＲ』の解説時間は50分と決めていたんですが、今までの経験上時間が足りなくなるのは予想できたので（笑）、初回のトークのあとだけ懇親会も企画しました。

山田　今から思えば、これがすべてのはじまりでしたね。この懇親会に、以前から東京方面でテルグ語映画の自主上映会を行っていた「魅惑のテルグ映画」の方々がいらしていて、同じトークを東京でもやれないかという話になりました。そこには、あとで大阪でのトークライブを開催してくださった方もいらしていました。

タポシ　そうでした。それで、東京は3月21日に開催することが決まりましたが、そのときまでには、福島県いわき市の「まちポレいわき」でも、無発声マサラ上映とセットのトークイベントが1回予定されていました。開催日は東日本大震災から12年目の3月11日だったので、まずはこの日にこの映画館をいっぱいにしたいという思いで駆けつけました。

山田　今となっては懐かしいですが、いったいどれだけお客さんが来てくれるのか、まったく不安しかなかったです。まちポレいわきと同時に話が進んでいた東京開催のトークは、本編上映がないトークだけの企画だったので、そんなイベントに本当に人が足を運んでくれるのか、戦々恐々でした。まちポレいわきは60席くらい。東京は130席であまや座の何倍もありました。

タポシ　ところが「魅惑のテルグ映画」の担当者の方が、「絶対大丈夫！　両方ともチケットは瞬殺だ！」と太鼓判を押してくれて、実際そのとおりになりましたね。

山田　本当にそのとおりでした。このときの担当者には先見の明があったと思います。私は東京のトークイベントに申込みが殺到したのを見たとき、ようやく『ＲＲＲ』が本当に大ヒットしているんだと実感したんです。それで、次にこれを大阪に持って行っても大丈夫だろうって思いました。

タポシ　山田さんは心配症ですよね（笑）。

山田　仕方ないですよ。今までの人生の中でインド映画が大ヒットした時期ってほとんどなかったから（笑）。タポシさんだって応援大使みたいな役をかって出ているのは、そもそもインド映画に観客が集まらないって前提があるからでしょう？

タポシ　まぁそれも大きな理由のひとつです。でもそれだけじゃなくて、多くのインドの娯楽映画の表現スタイルはとても独特だし、描かれるインドの社会や文化を理解するには補足や解説が必要なんじゃないかと思うからです。ぼく自身はたいしたこともできないので出しゃばりな話なんですが、幸い場と機会に恵まれたので自分にできる範囲で少しずつ……なによりも周りにインド映画ファンがいない時間を長く過ごしてきたので、少しでもそういうお話ができる人が増えれば嬉しいなという、かなり個人的な思いも根底にあってのことです。

山田　で、そこへついに『ＲＲＲ』がやってきたと。

タポシ　そうです！　2023年初頭のゴールデングローブ賞最優秀主題歌賞に続いて、3月12日アメリカのアカデミー賞でも歌曲賞を受賞。まるでぼくたちのトークイベントを後押しするかのような快進撃が続きました。

山田　ただ大阪でのトークイベントの開催日程は7月17日と遅く、席数もそれまでで一番多い190席。正直7月にはもうロードショーは終わっているにちがいないから、今度こそ大丈夫かなとまた心配になりました（笑）。

タポシ　ところが、まるでインド映画のヒーローやヒロインが登場するときに吹くような風が吹き（笑）、これまた予約はすぐにいっぱいになりました。同じ週末に別の超大型インド映画の封切りがあったにもかかわらず、です。しかもロードショーはまだ絶賛継続中で、加えて日本語吹替版の公開も直後に控えているというすごい状況でした。

山田　結局私たちのトークは計4ヶ所、5回開催されました。どの回もお客さんの皆さんはすごく熱心にノートをとられていて、その熱量がこちらにもひしひしと伝わったので、私たちもつい、まだネタはあるから次はもっと話そうと、どんどん時間を延ばしていきました。あまや座で50分、まちポレいわきで60分、東京で2時間、大阪で2時間45分。

惜しかった。もうちょっとで映画と同じ3時間だったのに（笑）。

タポシ　そこを目指していたとは知りませんでした（笑）。その調子で行ったら、本編より長くなっちゃうところでしたね（笑）。ところで、トーク当日は録音・録画厳禁、内容をSNS等にあげるのもNGにしていたんですが、今回その内容を出版しようと思ったのはどうしてですか？

山田　まずSNSをダメにしたのは、うっかり変なことを喋った場合にそれが拡散すると困るなっていう恐怖があって、つい自分の滑舌が悪くなっちゃうからなんです。ところが自然な即興で話すとなると、毎回内容が少しずつ変わってしまうんですよ。

タポシ　たしかに、そうなんですよね。そもそもトークに来た人しか話を聴けないのに、たとえ聴いたとしてもその回には話さなかった内容が必ずある、という状況になっていました。

山田　だから毎回、話しそびれたことをいつかどこかで補足したいと思っていました。それに、さすがに5回も喋るうちに自分自身の中で考えがまとまっていったということもあります。毎回いろんな質問が出て、それに答えたり考えたりしているうちに沢山の発見もあって、どんどんトークの内容が改善されていきました。こういう作業に終わりはないんですが、でもだいたい出尽くしたかなって感じで、ここらへんでひと区切りつけてもいいかなと思えるようになりました。

タポシ　いちおうここで断りを入れておくと、ぼくたちの解説は沢山ある『ＲＲＲ』の楽しみ方のひとつに過ぎません。『ＲＲＲ』をどう鑑賞するかは基本的にその人の自由です。トークで触れなかった話題やテーマは山ほどあるし、またぼくたちが解説した内容になにか権威があるわけでもなんでもありません。実際、インド映画をぼくたちより数多く観ていて、はるかに詳しい方が大勢いらっしゃいます。だから、ぼくたちなりの楽しみ方はこんなふうだけど、これに付き合ってくれる人たちがいるなら一緒に楽しみたい、というささやかな希望があるだけです。

山田　ええ。その程度の慎ましやかな志です（笑）。

タポシ　というわけで、本書はトーク・イベントで喋った内容を元に、一部内容を追加しながら文章化したものです。当日のトークの書き起こしそのものではありません。でも実際にトークに参加された方々は内容を復習したり補ったりできるように、またはトークをご存じない読者の方々には、あたかも当日のトークを聴いているかのような気持ちで読んでいただけるよう、当日と同じ対話の形式にしました。

山田　上映時間の3時間以内で読み切れる本を目指しました（笑）。よろしくお願いします。

タポシ　大丈夫かな（笑）。では、さっそくスタートしましょう。まずはタイトルのトリビアについてです。

山田　はい。『ＲＲＲ』には英語の副題「Rise Roar Revolt」がありまして、これは劇場版では日本語で「蜂起と咆哮と反乱と」〔39分頃〕になっています。「蜂起 咆哮 反乱」はローマ字だと「Houki Houkou Hanran」なので「HHH」、つまり「RRR」に対して「HHH」ということで、字幕翻訳者の藤井美佳さんの腕が光っています。

タポシ　ちゃんと韻を踏んであって面白いですよね。テルグ語の副題もあるんですよね。

山田　そうです。テルグ語の副題は「Rawdram Ranam Rudhiram」で、訳すと「怒り 戦い 血」です。そもそも『ＲＲＲ』というタイトルは、監督ラージャマウリ（S S Rajamouli）と主役のラーム・チャラン（Ram Charan）、NTRジュニア（N T Rama Rao Jr）の3人のイニシアルから採ったプロジェクトコードみたいなもので、副題の単語はあとからのこじつけなんです。でも、偶然にもテルグ語の副題は、内容を考えるうえで便利な手がかりになっていると思いました。

タポシ　そういうわけで、ぼくたちのトークはこの3つのキーワードをヒントに進めていきます。具体的には第4〜6章で、そこが本書の中心になります。
　では本題に入る前にタイトル『ＲＲＲ』の発音について、ひとことお願いします。

山田　はい。テルグ語には連声（れんじょう）という音韻規則があって、現地では「アール・アール・アール」ではなく、「アーラーラー（ārārā）」と発音されます。だから、皆さんはこれから「アール・アール・アール」ではなく、「アーラーラー」と言ってください。

タポシ　それでは皆さん、用意はいいですか？　リピート・アフター・ミー！

「アーラーラー！！」

第 1 章

地理的設定

1　インド帝国時代のインド

英領と藩王国

タポシ　『ＲＲＲ』の舞台は架空ではなく、モデルとなった実際の地域があります。そこで、映画のシーンを実際の地図に重ね合わせながら見ていきたいと思います。

山田　リアル世界とは違うところも沢山ありますけど。

タポシ　そうなんですよね。1920年代の話だから政情がまったく違うし、それにこの映画はあくまでフィクションで時代考証はそこそこです（笑）。まずはインドそのものの話から。

山田　はい。当時のインドはイギリスの植民地で、**インド帝国**（Indian Empire）とも呼ばれますが、インドとはいうものの現在のインドではなくて、インドに**パキスタン**、**バングラデシュ**、**ミャンマー**まで併せた広大な地域です。

タポシ　“帝国”っていう名前にふさわしい大きさですね。

山田　でもイギリス帝国の一部なので、皇帝はイギリス国王です。1920年代はジョージ5世がインド皇帝でした。ちなみに総督（Governor-General of India）の別名は副王（Viceroy）で、つまりスコット総督も副王です。

タポシ　副王！　すごい！

山田　インドでは実質的には独裁者的立場です。

タポシ　うっかり先にスコットの話から始めてしまいました。本当はラーマとビームを最初に登場させる予定だったんですが（笑）。

山田　まぁ、そこは『ＲＲＲ』と同じということで。

タポシ　ではここでラーマとビームに登場してもらうとして、ふたりの出身地はどんな設定になっているんですか？

山田　大きくは、ラーマの出身地は**マドラス管区**（Madras Presidency）[1]、ビームの出身地は**ハイダラーバード藩王国**（Princely State of Hyderabad）です。ハイダラーバード藩王国は『ＲＲＲ』では「ニザーム藩王国」〔15分頃〕になっています。ニザーム（Nizam）はここの藩王の称号です。

タポシ　管区はなんとなく分かりますが、藩王国とはいったいなんですか？

山田　実質的には同じ植民地ですが、管区が直接統治だったのに対して、藩王国には表向きインド人の王がいて、イギリスがその王、つまり藩王を介して間接統治をした地域です。

タポシ　インド人の王、それはつまり“マハラジャ”？

山田　ええと残念ですが、厳密には違います（笑）。“マハラジャ”、サンスクリット語で偉大な王という意味ですが、漠然と大地主や大領主に対しても使われる通俗的な王様です。それに対して藩王はイギリスによって法的に裏付けされた一国の主。そこらの大地主などとは全然違います。そして藩王国はイギリスが作った制度なので、イギリス支配の終焉とともに消滅しました。
　ちなみに、藩王国って当時いくつあったと思います？

タポシ　よく分からないけれど、50くらい？

山田　いいえ、なんと560以上もあったんです。

タポシ　そんなに！？

山田　インド・パキスタン分離独立時には、面積にしてインド帝国全体の約3分の1以上、人口にして約4分の1にものぼったんです。ハイダラーバード藩王国はその中で2番目に大きくて大変有名でした。

タポシ　『ＲＲＲ』でエドワードが「親交のある藩王」〔26分頃〕と言う場面がありますが、事実上植民地化されていたのにイギリスと藩王国は「親交」と呼べるような関係にあったんですか？

山田　ありました。そもそも藩王国というもの自体が、イギリスと不平等な軍事保護条約を結んで帰順したり、イギリスが在地の王を滅ぼした後に自分たちに都合のよいインド人を王につけたりした国々だったので。

タポシ　藩王ひとりひとりの本心は分からないにしても、ようするに敵ではなかったんですね。こういう歴史はインド人の観客には周知の事実ですか？

山田　だと思いますよ。特にテルグ人にとって自分の地域がかつて英領だったか藩王国だったかは大問題で、なぜなら前者が現在の**アーンドラ・プラデーシュ州**（Andhra Pradesh State)、後者が**テランガーナ州**（Telangana State）になったからなんです。

タポシ　ラーマの出身地がアーンドラ・プラデーシュ州、ビームの出身地がテランガーナ州になった。

山田　そうです。両方とも同じテルグ語地域なので、インド独立後の1956年からずっとひとつのアーンドラ・プラデーシュ州として統一されていたんですが、その後深刻な対立が起こって2014年に分裂してしまいました。

タポシ　ラージャマウリ監督は、『ＲＲＲ』製作背景のひとつに州の分離問題があったと話しています。その話はまたあとで触れるとして、ここはふたりの出身地に話を戻しましょう。ではあらためて、『ＲＲＲ』におけるラーマの出身地はどこですか？

ラーマの出身地

山田　それは**ゴーダーヴァリ河**（Godavari）と**東ガーツ山脈**（Eastern Ghats）が交差するあたりの東側が想定されています。ラーマが故郷を出発するときに「ゴーダーヴァリ河に誓う」〔140分頃〕と言っているし、ほかにも「母なる聖河に誓った」〔163分頃〕という字幕のセリフ、テルグ語では「母なるゴーダーヴァリ河」と言っていることから分かります。

タポシ　インドの聖なる河といえばガンジス河が思い浮かびますが、ゴーダーヴァリ河も聖河なんですか？

山田　そうです。インドには各地にご当地聖河があって、テルグ人にとっての聖河はゴーダーヴァリ河とクリシュナ河のふたつ。特にゴーダーヴァリ河はヒンドゥー教の七大聖河[2)]のひとつでガンジス河に次いで2番目に長い河なので、インドを代表する河川といえます。

タポシ　東ガーツ山脈というのは字幕に出なかったと思いますが、テルグ語のセリフではちゃんと言っているんでしょうか？

山田　実はセリフにもありません。でも映像で分かります。まず、シータが河岸に立って遠くを眺めているとき、次にラーマが河岸から船で故郷を旅立つとき、さらにラーマが大量の武器を積んで帰還するとき。いずれも河岸の向こうに山景色があります。ゴーダーヴァリ河流域でこんなふうに見えるとしたら、もうそれは東ガーツ山脈しかありません。それに、ここはラーマのモデルになった実在の人物が反乱を率いた場所なんです。**ランパ地方**（Rampa）といいます。

タポシ　それはテルグ人には分かるかもしれませんが、ほかのインド人の観客には分かるんですか？

山田　分かると思いますよ。シータがビームに自己紹介するときに、「南のほうから」〔147分頃〕来たと話す場面、テルグ語では**ヴィシャーカパトナム**（Visakhapatnam）という地名を言っていて、これはヒンディー語版のセリフにも英語字幕にもありました。都市名であると同時に県名でもあります。

タポシ　現在のヴィシャーカパトナム市自体はビーチがきれいで有名ですよね。古い港町で周囲には仏教遺跡もある。インドでも有数の港湾都市だと聞きました。国際空港もあると。

山田　ええ。だからインド人だったら場所は分かるし、背後に東ガーツ山脈があるところという程度は想像できると思います。ただ、日本語字幕ではカタカナの字数が多くなるので入れなかったんですが。

タポシ　日本語字幕の字数問題ですか。まあ、その地名が字幕に出たとしても、ぼくたち日本人の多くはピンとこなかったでしょうけど。

山田　そうでしょうね。でも実はヴィシャーカパトナムは、第二次世界大戦中の1942年4月6日、日本軍が爆弾を落とした場所なんですよ。9名亡くなったといわれています。

タポシ　えっ！？　日本ってインドも爆撃してたんですか！？　これ、ほとんどの日本人は知らないですよね。

山田　現地では有名ですよ。私は現地のテルグ人に日本軍の落とした不発弾があるといわれて博物館に見に行きました。犠牲者の慰霊祭は今も行われています。

ついでですが、1971年第三次インド・パキスタン戦争のときには、この沖で潜水艦の謎めいた沈没事件がありました。それに着想を得て製作された映画が『インパクト・クラッシュ』（ヒンディー語, 2017）です。現在ヴィシャーカパトナムのビーチには、潜水艦博物館もあります。というわけで、美しいビーチや山に加え、いろんな観光資源に事欠かないところなんです。

ビームの出身地

タポシ　では次に『ＲＲＲ』のビームの出身地についてです。『ＲＲＲ』では冒頭に「**アーディラーバード地方**」（Adilabad）と出てきますが、そこですよね？

山田　そうです。アーディラーバードはモデルになった実在の人物の出身地でもあり、かつ反乱を起こした地域でもあります。

タポシ　それがどこかというのも、インド人ならすぐに分かるんですか？

山田　うーん、そこは分からないかも。ただ、『ＲＲＲ』の公開以前からビームがゴーンド（Gond）というトライブだということは公表されていたから、そこから逆に、ゴーンドといえば**デカン高原**で、デカン高原といえばインドの真ん中でっていう推測は可能でしょうね。

タポシ　さらっと出てきましたけど、その“トライブ”についてもう少し説明をお願いします。

山田　日本では「部族」が定訳ですが、個人的に好きな呼び方ではないので、私は勝手にトライブと言っています。インドでは先住民を意味するアーディワーシー（Adivasi）とか、英語のアボリジニなどとも呼ばれます。

ざっくり言うと、かつて山間部で移動農業や牧畜、狩猟採集をしていて、独自の言語や宗教、衣食住の文化を持っているエスニック集団として、平地にいるほかのインド人とは区別されました。英領時代には社会経済的に“遅れ”ていると見なされてもいました。

タポシ　そういえば、現在の大統領ドラウパディー・ムルムー（Droupadi Murmu, 1958-）はインドで初めての指定部族（Scheduled Tribes）出身の大統領だそうですが、この「指定部族」とはなんですか？

山田　インドには留保制度といって、「社会経済的に後進的」な人々に対して、教育や雇用の機会、議会の議席数などを優先的に割り振る制度があるんですが、指定部族はその留保を受ける権利があると憲法によって「指定」されたグループです。国勢調査では指定部族はインド全人口の約8.6パーセントなので、実際のトライブ人口はそれよりもう少し多いくらいでしょうね。

トライブ自体はマイノリティには違いないですが、ゴーンドはトライブの中でビール（Bhil）に次いで2番目に大きな集団で、インドで知らない人はいません。現在アーンドラ・プラデーシュ州とテランガーナ州の両方で指定部族になっています。

タポシ　日本でも“ゴンド・アート”という民俗画が知られていますが、それとも関係が？

山田　あれはアーディラーバード地方のゴーンドとは全然違うコミュニティで、関係ありません。同じゴーンドでも、その中は多様なコミュニティに分かれていて、互いに言葉も通じないくらい遠いといわれています。

タポシ　同じゴーンド人の中でもそんなに違っていて、かつトライブ自体ほかのインド人から区別されていたならば、ビームとラーマは、まったく異なる民族と言えますか？　日本人の観客は、『ＲＲＲ』のラーマもビームも、結局は同じ“インド人”って見ちゃいますけど（笑）。

山田　たしかにラーム・チャランとNTRジュニアは同じ平地のインド人だから（笑）。

タポシ　でもインド人の観客には、ふたりがインド人だなんて意識するまでもないでしょうけど、その先の違いは強く意識するものなんですか？

山田　そこは結構大事なポイントです。ラーマとビームをまったく違う人たちという前提で映画を見始めると思います。だから、ふたりの友情を日本人よりもいっそう感動的に感じるかもしれませんね。

---

1)　イギリス東インド会社が1684年に設置した行政区分。ベンガル管区・ボンベイ管区と並ぶ3大管区のひとつとして、南インドを管轄した。主都はマドラス（現チェンナイ）。1935年にマドラス州と改名された。

2)　ヒンドゥー教で神格化された7つの河（Saptanadi）。7つはガンガー、ヤムナー、サラスワティー、ゴーダーヴァリ、ナルマダー、カーヴェーリー、シンドゥ。ただしサラスワティーとシンドゥの代わりに別の河名を入れる場合もある。

2　言語事情

テルグ語

タポシ　ラーマとビームは同じ**テルグ語**（Telugu）地域出身です。日本人のほとんどはテルグ語という言語があることさえ知らなかったと思いますが、言語が200以上あるともいわれ、紙幣に17もの言語が記されているインドです。あらためてというか、あえておききしますが、テルグ語って有名なんですか？（笑）

山田　えーと、インドで知らない人はいないと言いたいです（笑）。2011年国勢調査の母語話者数ランキングでは全国で4番目、8千万人を超えていて、ドラヴィダ系諸語[3)]の中では最大。インドだけでなくマレーシアやアメリカ合衆国、カナダにも移民がいます。どう見てもメジャー言語だと思いませんか？

タポシ　ちっともマイナーじゃないですね（笑）。

山田　私は勝手に世界の母語話者数ランキングで13位くらいなのではないかとふんでいます。少なくともフランス語やイタリア語よりも多いと思いますと、むかし職場のフランス語の先生に言ったら嫌がられました。ま、諸説あります、ということで。

タポシ　ともあれ、テルグ地域はひとつの国家に見立てられるほど大きい。だからテルグ語映画がそこだけでマーケットとして成立する。なかなか外国に進出しなかった理由もそこらへんが関係していると思います。テルグ語はインドの言語別映画製作本数では最多を記録することもあります。

山田　よく日本人から、テルグ語映画は隣接する**カンナダ語**や**タミル語**の話者なら分かるんじゃないか、方言程度の違いじゃないのかときかれますが、まったく違います。共通の単語はあるものの、学習しなければ相互理解できない程度に遠いです。

タポシ　それ、自分がやっている映画情報のラジオ番組（「ぱるるんシネマ倶楽部」FMぱるるん／水戸76.2Mhz）でもきかれたので、文字も文法も違うんで、と言ったら驚かれました。でもインド人の中には言語をいくつも話せる人は多いですよね。ぜんぜん違うのに。

山田　そうそう。字が読めないような人でも普通に何言語も喋れたりするからすごいと思います。でもインド人は逆に私に「日本語は中国語や韓国語の方言か」とかきいてきますよ。

タポシ　えー！　言語の音感、かなり違うと思うんだけどなぁ。ま、知らないのはお互いさまか（笑）。

ラーマとビームの母語

タポシ　インド映画に限らず、字幕版で原語を聴いていると知らない言語でも多少は区別がつくようになりますよね。会話の途中で言葉が変わるとなんとなく分かる。『ＲＲＲ』でも複数の言語が入り乱れていますが、ラーマもビームも母語はテルグ語ですよね？

山田　設定はそうです。まずラーマは実在のモデルと同じ沿岸アーンドラ地方のテルグ語、いわゆる**標準テルグ語**を話しています。ただテランガーナ州が分離して以来、沿岸アーンドラ方言を“標準”と呼ぶのは一部で問題視されているようですが。

タポシ　『ＲＲＲ』のラーマはほかに**英語**と**ヒンディー語**も話していますね。

山田　ええ、そうです。ここでのヒンディー語は**ウルドゥー語**（Urdu）ともいえます。

タポシ　というと？

山田　ヒンディー語は現在インドの「連邦の公用語」で、それは「ナーガリー文字で書かれたヒンディー語」と憲法で規定されています。どうしてわざわざ**ナーガリー文字**[4)]といっているかというと、**アラビア文字**で書くとウルドゥー語と見なされるからです。

タポシ　じゃあ文字がなければどちらかは分からない、つまり会話では同じ言語ということですか？

山田　宗教問題が絡んでくるので微妙な問題なんですが、現在しばしば「ヒンディー語はヒンドゥー教徒の言葉でナーガリー文字を使い、**サンスクリット語**の語彙が多い。ウルドゥー語はイスラーム教徒つまりムスリムの言葉でアラビア文字を使い、**アラビア語**や**ペルシャ語**の語彙が多い」とか説明されます。

でも、そういうふうに言語と宗教を同一視する歴史は浅く、『ＲＲＲ』の舞台になった1920年代には特に民族運動家の間では否定的にみられていました。

タポシ　では何語と呼ぶのが正しい？

山田　なんでしょうねぇ。ガンディー（Mohandas Karamchand Gandhi, 1869-1948）は**ヒンドゥスターニー語**（Hindustani）という名前を提案しましたが定着しませんでした。現在ではほぼ、ヒンディー語はヒンドゥー教徒、ウルドゥー語はムスリム、という区別になっています。

タポシ　そういえば、ヒンディー語映画の脚本はウルドゥー語で書かれていた時代もあり、巨匠ヤシュ・チョープラー監督（Yash Chopra, 1932-2012）もムスリムではないのに脚本をウルドゥー語で書いていたそうです。

山田　へー、それは面白いですね。ヤシュ・チョープラー監督は民族運動の時代に生まれて、世俗主義の時代を生きた人だからですね。

タポシ　では、ビームの母語は？

山田　ビームの方は実は大きな問題です。まず一般的な事実として、ゴーンド人の言葉は**ゴーンド語**です。だから実在のビームの母語もゴーンド語、ビームはテルグ人でなくゴーンド人と呼ばれるべきなんですが、『ＲＲＲ』ではゴーンド人全員が**テルグ語のテランガーナ方言**を母語のように話しているんです。もちろん、彼らは日常的にテルグ人に囲まれているからテルグ語がペラペラだと考えてもいいんですが、ただそれは考証的には正しくありません。

タポシ　単にテルグ語映画だからテルグ語でというわけでは？

山田　それならイギリス人もテルグ語を喋っていいでしょう？　だからいちおう理由があったと思いますよ。私は個人的にやや深刻な問題が背後にあるのではと憶測しています。それについてはまた後ほど。

複数言語の交錯

タポシ　ビームがデリーの修理工場の親方たちと生活している場面では、お互いに話している言葉はなんですか？

山田　あれは今でいうところのウルドゥー語とテルグ語ですね。ウルドゥー語は1920年代のデリーでは共通語でした。ただ、ビームと親方一家はテルグ語でも話しているので、皆同じハイダラーバード藩王国出身という設定なんでしょう。ちなみに、ハイダラーバード藩王国の公用語もウルドゥー語でした。

タポシ　では、デリーにはハイダラーバード藩王国出身者が大勢いただろうと？

山田　いちおう首都なので、全インドの各地からいろんな人たちが集まったんじゃないですか？

タポシ　『ＲＲＲ』では何度か通訳が登場しますよね。ラーマがデリーで反英政治集会に潜入する場面では、まずヒンディー語で演説なされ――壁に書かれている文字はナーガリー文字でした――次に誰かがそれをテルグ語に通訳しています。これは、どうしてですか？

山田　いちおうテルグ人の集会にテルグ人以外の人たちもいるっていう状況なんでしょう。実際当時のデリーにテルグ人同郷会のようなものがあってもおかしくないし、なによりも1920年にはインド国民会議派[5)]の下部組織は言語別に設置されていたので、テルグ人支部なるものは実在していました。だから、私は最初にあの場面を見たとき、当時は本当にこんな風だったのかもしれないと思いました。

タポシ　なるほど、政治組織は言語別にあったんだ。現実的に実用性を考えればそうなりますよね。

山田　ええ。それに、当時英語に対抗してインドの言葉で政治集会を行うことは民族主義の表明でもありました。だから、多言語インドの共通語であるヒンディー語＝ウルドゥー語とテルグ語の2言語を集会で使うのは、史実としてもじゅうぶんあり得たと思います。

タポシ　別の場面で、ビームが鞭打ち刑に処せられるというお触れが市場の人たちに知らされるシーンでも、通訳が英語をテルグ語に訳しています。あれはあの市場がテルグ人地区という設定でしょうかね？

山田　いや、市場が言語別っていうはないでしょうね。ビームの鞭打ち刑のときにラーマのテルグ語がヒンディー語＝ウルドゥー語に通訳されている、そっちの方が実際のイメージに近い気がします。

タポシ　終盤の戦闘では「援軍が来る」〔162分頃〕というエドワードの伝達を同じインド人通訳がテルグ語に訳していますね。

山田　あの場面を見たとき、私は勝手に「ああこの部隊はテルグ人部隊なんだな」と妄想していました。実際はそんなものはなかったと思いますけど（笑）。

タポシ　このあたりのシーン、ヒンディー語やほかの言語版だとどうなっているのかなぁと思うものの、なかなか確かめようがなく、ようは観客のための単なる方便という側面もあるのかなとか。

山田　ここはそうだと思いますよ。観客の見やすさを優先して、別に事実と擦り合わせたりはしなかったんじゃないんですかね。

タポシ　ちなみに英語のセリフって、インド人が皆理解できるかというとそうでもないですよね。通訳がいない場面もあったんで、どうしているのかなと思っていましたけど、インドでは字幕って付きませんよね？

山田　英語はヒンディー語と並んで「連邦の公用語」なので学校では必修。だからあの程度の簡単な英語が分からない観客は学校にあまり行っていないかもしれなくて、そうなると母語の読み書きも当然知らないから、どんな字幕も読めないので意味ないです。そういうこともあってか、インドには日本のような字幕文化はないです。

タポシ　じゃ、英語のセリフは分からない？

山田　そこ、私も気になったのでインド人の友人に聞いてみたんですが、英語にはテルグ語のボイス・オーバー、つまり副音声をかけたバージョンを上映した映画館もあったそうです。ただし、どの映画館もというわけではなかったようですが。

タポシ　ボイス・オーバーのあるバージョンとないバージョン？　言語別のバージョンだけではなく？　いやいや複雑ですね。あれ、ちょっと待ってください。冒頭でスコットが「銃弾の価値」〔5分頃〕を説く場面、そこのセリフは英語ですよね。もしテルグ語のボイス・オーバーがなかったら、英語が分からない観客には意味が伝わりませんよね？　大事なセリフなのに。

山田　「銃弾の価値」は『ＲＲＲ』後半の冒頭で、ラーマの父親がテルグ語で村人に説明するから、そのときに初めて理解できます。つまり後半まで見ないと分からないんですが。ただ、一般的にどの映画でも理解してもらいたいセリフは必ずどこかでテルグ語で分かるようにしていると思います。『ＲＲＲ』ではほかにも、ラーマが牢獄で『バガヴァッド・ギーター』[6]を暗唱する場面で最初サンスクリット語の原文を唱えていますが、次にそれをテルグ語で言い換えています。

タポシ　言語に関してほかにもおかしいと感じた場面は、監獄の中にいるビームの前でラーマがスコットに話しかけるシーンです。最初は英語なんですが、「鞭で打たれても」〔130分頃〕からテルグ語になります。ラーマがビームに聴かせるためにテルグ語で喋ったというのは分かりますけど、あそこ、スコットは直接理解して会話を続けますよね。なんで？って思った人は、ぼくだけではないと思いますよ。

山田　実はそこ、私もヘンだと思いました（笑）。でもよく見ると、スコットはパーラクルティ村に現れるじゃないですか。総督になる前にテルグ語地域に赴任していたので実はテルグ語が解る、と理解できないことはないです（笑）。

タポシ　あぁ、なるほど。エドワードにはいつも同じインド人の通訳がいたけど、スコットにはついていなかった理由はそれですかね？

山田　まぁ、そういうことで（笑）。ただ実際は、当時イギリス人に現地語能力は不必要とされていたし、総督になるような人物はイギリスから直接赴任したうえ任期も長くなかったので、現地語に堪能になることはなかったと思います。

タポシ　あと、アクタルがジェニーに招待されて行った総督邸で「腹が減りました」〔67分頃〕というのは、ジェニーに通じていますね（笑）。

山田　あれはアクタルがお腹を押さえたから。

タポシ　腹痛でトイレ……と思われないで良かった（笑）。そういえば、エドワードがニザーム藩王国からの使者と話すときも、直接話を理解できている感じなんですよね。

山田　まぁ経験上、少しの単語くらいは知ってたのかも。

タポシ　言葉って、話せないけど聴くのは分かるという段階がありますからね（笑）。

---

3)　南インドの主要言語であるテルグ語、タミル語、カンナダ語、マラヤーラム語をはじめとする言語の総称で、同じドラヴィダ祖語から分かれたとされる。北インドのインド・ヨーロッパ系諸語に次いでインドで2番目に大きな話者人口（人口の約19パーセント）を持つ。

4)　神を意味する単語デーヴァを付けてデーヴァナーガリー（Devanagari）文字とも呼ばれる。古典語のサンスクリット語をはじめ、現代ではヒンディー語など複数の言語の表記に用いられる。この古い形は仏典とともに8世紀に日本に伝来し、梵字や悉曇などとも呼ばれた。

5)　1885年創設時は親英的な組織だったが、20世紀に急進派の影響、ガンディーの登場、組織の全国的大衆化を経て、民族運動を推進する政治組織へと変貌した（政党化以降は「国民会議」に「派」を付けて区別される）。独立後も長らく一党優位体制を築き、国家の基礎をつくった。こんにちまでインドにおける最大政党のひとつ。（P.63参照）

6)　叙事詩『マハーバーラタ』の一部。作者不詳。成立は1世紀頃。ヒンドゥー教の宗教・哲学的教訓を説いた珠玉の詩編として、もっとも有名かつ重要な聖典とされる。ガンディーが民族運動の中で引用し、愛読書としたことでも知られる。（P.120参照）

3　帝国首都デリー

郊外の砂漠と森

タポシ　ここでは『ＲＲＲ』前半の舞台になったデリーについて取り上げます。冒頭、ふたりの主人公が登場する場面は、劇場版では「デリー郊外」〔6分頃,17分頃〕と字幕が出ます。でもいっぽうは砂漠で、かたや森です（笑）。そもそもデリー郊外に砂漠や森があるんですか？

山田　まず砂漠の方ですが、ラーマの登場シーンで派出所のゲートの看板に「アナングプル警察派出所」（Anangpur Police Post）と書かれています。私も知らなかったのですが、探してみるとデリーから南に行ったところに同じ**アナングプル**という地名を見つけました。

タポシ　ぼくも調べてみたら、ここ、8世紀から4世紀以上も北インドを治めたトーマル王朝（Tomara Dynasty）の都があったとかで古くから栄えたところらしいので、あんな荒涼とした砂漠という感じではなかったんじゃないかと思うんですよね。

山田　この直前の場面がアーディラーバードの森だから、そこから一気に場面が北インドに切り替わったことを印象付けるための演出じゃないですかね。あの砂漠感は、テルグ人にとって北インドの典型的イメージだと思うので。

タポシ　そうなんですね。でも次のビームの登場シーンは森でした。

山田　私も最初はこんな森がデリー郊外にあるわけないと思いました（笑）。単にストーリーの構成上、ビームたちがどこか近場で野生動物を捕まえないといけないから、こういう演出になったのかなと。ところがあとで調べてみると本当にあったんですよ。

タポシ　あったんですか？

山田　それも複数。

タポシ　えっー！（笑）

山田　例えば、**アソーラー・バッティー野生動物保護区**（Asola Bhatti Wildlife Sanctuary）とか**マンガル・バーニー**（Mangar Bani）とか。写真で見る限り、森というより風通しの良い林といった感じなんですが。

タポシ　あぁ……でも1920年代は"ザ・森"って感じだったんですよ、きっと！

山田　そうだったのかも。少しネットで調べたら、面白いことにヒョウとかシカとかいろいろ棲息していて、今でもたまに目撃情報がニュースになるようです。つまり、本当にここで野生動物を捕まえられるみたいです。

タポシ　今でも！？　そういえば、ぼくも1980年代後半にビハール州のある町を訪ねたとき、「1960年代くらいまで、今この道路が出来ているあたりにも普通にベンガル・タイガーがいた」って話をきいたんです。そこは小さな町ですけどそれなりに拓けていたんで、100年前のデリー郊外ならありえますよ！

山田　急にビームの登場シーンがリアルになって来ましたね。

タポシ　あれ、ちょっと待ってください。ビームがアソーラー・バッティー野生動物保護区からトラを連れて帰ったとしたら（笑）、最低でも20キロメートル以上！　凄いな（笑）。では、われわれも野生動物たちを引き連れてデリーに向かいましょうか！

インド・イスラーム文化の都

山田　デリーは13世紀から19世紀まで歴代のイスラーム王朝の中心的都市として栄えた由緒ある古都で、インド・イスラーム文化の中心地でした。さっき、デリーの下町の共通語はウルドゥー語だったという話が出ましたね。

タポシ　デリーはインドだからヒンドゥー教文化の街と早合点する人もいるかもしれませんが、イスラーム文化が色濃い。だからビームがムスリムに変装するのは身バレを防ぐには最適な方法だったわけですよね。

山田　そうです。ビームがムスリムに扮したことは複数のシンボルで表されています。スルマというアイライン、アラビア文字が書かれたペンダント、ムスリム帽、クルター・パジャーマーという上下の服です。次の場面で「アクタル」〔23分頃〕というムスリムの名前で呼びかけられ、それから店に来たロバートに「サラーム」とウルドゥー語であいさつします。ああムスリムになったんだな、となるわけです。

タポシ　クルター・パジャーマーは、ぼくも持っていますよ。もともとはムスリムの服装なんですね。

山田　現在は上着のクルターは一般的になりましたが、ブカブカのズボン、パジャーマーは今でもムスリムに多いと思います。

タポシ　アクタルが働いていた修理工場や住居の場所を特定したいのですが、♪《**ドースティ**》が流れる途中の場面で、ラーマがヴェンカテーシュワルルと道端で話しているシーンがありますよね。ラーマのセリフの字幕は「例の道で」〔41分頃〕ですが、耳では「**チャーンドニー・チョウク**」と言っているのが聴き取れました。チャーンドニー・チョウク（Chandni Chowk）は実在する有名な通りですよね。

山田　そう。そのあたりがアクタルの生活圏で、ラーマの自宅もその近く。このチャーンドニー・チョウクはすぐそばにある「**赤い城**」、つまり**レッド・フォート**（Red Fort / Lal Qila）の正門から真っ直ぐ西に伸びていて、このあたりは城下町でした。

タポシ　レッド・フォートはムガル帝国最盛期の皇帝シャー・ジャハーン（Shah Jahan, 1592-1666）が17世紀に建てた城塞宮殿で、ユネスコの世界遺産ですよね。シャー・ジャハーンはインドを代表する世界遺産でいちばん有名なタージ・マハル[7)]も建設しました。

山田　シャー・ジャハーンが建造を命じたもので世界遺産になっているのは、パキスタンを含めて5ヶ所まで確認しました。こんな建築狂ぶりがムガル帝国衰退の一因ともいわれています。そしてムガル帝国の滅亡後、デリーを支配したのがイギリスでした。

植民都市

タポシ　映像からだと、総督邸はチャーンドニー・チョウクの突き当りで丁字路になっているところだと思うんですが、これは現在のレッド・フォートの位置にあたりませんか？

山田　そうだと思います。加えて警察駐屯地も同じ一角。ここには本当にイギリス軍——『ＲＲＲ』では警察ですが——の兵舎がありました。現在は独立運動の博物館（Swatantrata Sangram Sangrahalaya）があるようです。実は私は博物館の方はまだ見たことがなくて、先日ネットで写真を見たら、外観はまさに『ＲＲＲ』に出てくる建物のようでした。

タポシ　あ、ホントそっくりですね。行ってみたい。実際の総督もレッド・フォートに住んだのですか？

山田　そこは違うんです。本物の総督邸はまったく違う場所で、現在の**大統領官邸**（Rashtrapati Bhavan）が旧総督邸です。帝国の首都がデリーへ遷都されたのは1911年で、それまで首都はカルカッタ（現在のコルカタ）でした。1920年の時点では総督邸はまだ建設中で、完成したのは1929年、実際に総督が住み始めたのは1931年だそうです。

タポシ　それなら、ちょうどつじつまが合いますね！　ラーマとビームが総督邸を爆破しちゃったから、総督邸は現在の大統領官邸の場所に新しく建て直されたと（笑）。

山田　そう、合っちゃうんですよ（笑）。

タポシ　それにしても、総督邸をなぜレッド・フォートの場所に設定したんでしょう？

山田　本当の理由はラージャマウリ監督にきくまで分かりませんが、レッド・フォートはイギリス軍の攻撃によって陥落し、1858年にムガル帝国は滅亡しました。その同じ場所に総督が住んでいるということが、統治者がムガル皇帝からイギリスに変わったことを表しているように見えて、なかなか面白い設定だと思いました。

タポシ　たしか現在レッド・フォートは首相就任演説が行われる場所でもありますよね？

山田　そう。1947年に初代首相ネルーがここで独立宣言をして以来、歴代首相の就任演説や独立記念日の首相演説の会場になっています。つまりレッド・フォートは植民地支配からの解放と独立、主権国家インドの象徴なんです。

タポシ　レッド・フォートが『ＲＲＲ』の総督邸だとすると、アクタルの修理工場はそこからチャーンドニー・チョウクに入ってすぐ右、つまり通りの北側になりますね。そして、レッド・フォートの**正門広場**がビームの鞭打ち刑の場所になると。

山田　そうなりますね。ここは実際かなり大きな広場になっていて、いつも大勢の観光客が写真撮影をしています。

タポシ　ところでジェニーの車がパンクした際、彼女は「**近くにバス停か路面電車の駅は？**」〔47分頃〕とアクタルに尋ねる場面がありますが、現在このあたりに路面電車はないですよね。当時は、あったんですか？

山田　ありました。ロンドンと同じようにね。ただ、当時はまさにチャーンドニー・チョウク沿いに東西に走っていて、『ＲＲＲ』では別のところ、総督邸の前を南北に走っているように見えます。あと、『ＲＲＲ』で使われた車体のデザインと1920年代当時のものが同じだったのかは確認できていません。

タポシ　警官のロバートもアクタルの修理工場に立ち寄りますし、いくつかの場面では背景でイギリス人女性が往来していますが、当時イギリス人はあんなふうにチャーンドニー・チョウク周辺で生活したんですか？

山田　私の不勉強で正確なことは知らないんですが、少なくともチャーンドニー・チョウクのあたりには住まなかったということだけは言えます。

タポシ　それはどうして？

山田　まぁ人種差別意識です。不潔で伝染病にかかるとかいって、インド人の地域から離れたところに新しくイギリス人専用の地区を作って完全に住み分けをしました。それが現在の**ニュー・デリー**で、旧総督邸つまり現在の大統領官邸はその中心です。それ以来、かつての城下町は**オールド・デリー**と呼ばれて区別されるようになりました。

タポシ　そんな成り立ちで現在のデリーができていったとしたら、オールド・デリーとニュー・デリーは歩けるような距離じゃないんで、心理的な隔たりの大きさを感じます。ほかに分かる場所はありますか？

山田　ラーマとアクタルが♪《**ナートゥ・ナートゥ**》を踊った場所です。日本語字幕ではジェニーが「社交クラブでパーティーがあるの」〔50分頃〕とアクタルに言うところ、原語は英語で「**ジムカーナ・クラブ**（Gymkhana Club）でパーティーがあるの」と言っていて、これはまさにニュー・デリーの**サフダルジャング・ロード**（Safdarjung Road）に実在します。1913年にイギリス紳士の会員制クラブとして始まった由緒あるクラブだそうです。

タポシ　♪《**ナートゥ・ナートゥ**》を踊った中庭で、楽隊の背後の垂れ幕に**YMCA**のロゴと一緒に「年次祝賀（Annual Celebration）」とも書いてあります。これはつまりYMCAの年次祝賀をジムカーナ・クラブの中庭でやった？

山田　という設定になりますよね。ちなみにYMCAもニュー・デリーの**ジャイ・シン・ロード**（Jai Singh Road）に実在しています。ただし創立は1927年なので、『ＲＲＲ』の時代にはなかったことになります。1920年にあったのは**YWCA**の方でした。現在YWCAとYMCAはすぐ近くに建っています。どちらも旅行者が泊まれる施設があって、私自身もむかしよく利用しました。

タポシ　では『ＲＲＲ』の聖地巡礼の際のご宿泊先はそちらということで（笑）。

山田　あと特定できる場所は、**ヤムナー河**（Yamuna）です。レッド・フォートの背後を通って、デリーを南北に流れています。そしてもうひとつ、ヤムナー河をレッド・フォートから少し北上したところに**オールド・ヤムナー・ブリッジ**（Old Yamuna BridgeまたはOld Iron Bridge Delhi）という、イギリスが建設した古い鉄道橋があります。ここがラーマとアクタルが出会って、少年を助ける場所ですね。

タポシ　ええと、橋がここだから……。

山田　完成は1866年なので1920年代には実在しました。『RRR』のように、燃料タンクを石炭車が運んでいたかもしれません。

タポシ　ええと、ラーマがチャーンドニー・チョウクからラッチュを追ってここまで走ったとして、だいたい1000メートルから1500メートルくらいの距離なんで、それをあのスピードで走っていったのか…。「恐ろしく足が速い」〔34分頃〕ってラッチュが言っていましたけど（笑）。

山田　頑張ったんでしょうね（笑）。セリフのテルグ語は「ヒョウみたいに俊足だ」です。でもヒョウはそんな長距離ダッシュできないと思いますけど（笑）。ちなみにヒョウはテルグ語でチルタ（ciruta）、ラーム・チャランのデビュー作のタイトル（Chirutha）です。

ハトラス

山田　ヤムナー河といえば、ビームの絞首刑が予定されていた場所も河沿いのどこかでしょう。ビームが処刑台に立っている場面で、遠景に小さく**タージ・マハル**があるの、見えました？

タポシ　え？　本当に？

山田　私は通常版で見たときは気づきませんでしたが、IMAX版で観たときに初めて分かりました。タージ・マハルがあるのは**アーグラー**ですが、そのアーグラーの少し手前が**ハトラス**（Hathras）です。処刑台の遠景にタージ・マハルが見えたとき、逃亡先の風景が見えていることになっていて、つまり視覚的な伏線なんですね。

タポシ　視覚的伏線！　細かい演出していますねぇ。それにしても、ハトラスは聞いたことのない地名です。いっそアーグラーに逃亡したことにしても良かったと思うんですけど、どうしてハトラスだったんでしょうね？

山田　実はハトラスは、『ＲＲＲ』の撮影中の2020年に凄惨なレイプ事件が起こって全国的に問題になった場所なんです。上位カーストの男たちがダリト（いわゆる不可触民）の女性を集団で暴行して殺害しました。

その後、犯人たちは捕まったんですが、一部の上位カーストの男性らが中心になって犯人を擁護、無罪を主張したりして、インド全土で大きな論争になりました。だから『ＲＲＲ』でハトラスの名前が出たとき、インド人でその事件を思い出さなかった観客はいなかったと思います。

タポシ　そんなことがあったんですか……。でもだからといって、どうしてそれを思い出させるような設定に？　撮影中の事件ということは、最初に脚本にあったのは別の地名で、それを変更したと考えられますよね。

山田　あるインド人は、過去のイギリス統治と現在の上位カーストによる下位カースト女性のレイプ殺人が重ね合わされた、と解釈していました。ラージャマウリ監督自身がどこまで意識的だったかは分かりませんが、少なくとも学術的には宗主国と植民地の関係をレイプに喩えることはあります。監督が実際の社会事件を映画の中で暗に批判することは過去もあったので、これもそうなのかもしれません。

タポシ　植民地支配そのものの残忍さと同時にハトラス事件を忘れない、というメッセージなのかもしれませんね。

7)　ムガル朝最盛期の皇帝シャー・ジャハーン（1592-1666）が、アーグラーのヤムナー河岸に造営させた愛妃ムムターズ・マハルの廟墓。インド・イスラーム建築の最高傑作とされる。

第 2 章

時代背景

歴史年表

1757	プラッシーの戦い
1793	新地税（ザミーンダーリー）制度導入開始
1820	新地税（ライーヤトワーリー）制度導入開始
1835	TBマコーレーの覚書（英語浸透政策）
1857	インド大反乱
	3大学創立（カルカッタ、ボンベイ、マドラス）
1858	ムガル帝国滅亡、イギリス直接統治開始
1875	デカン農民反乱
1876～78	インド大飢饉
1877	インド帝国成立
1882	マドラス管区森林法
	バンキムチャンドラ、『アノンドモト』を出版
1885	インド国民会議結成
1896～97	飢饉
1897～98	アッルーリ・シーターラーマ・ラージュ生
1899～1900	飢饉
1900～01	コムラム・ビーム生
1905	カーゾン総督ベンガル分割令
	国民会議ベンガル分割令反対運動

1911 ⋯⋯⋯⋯ ベンガル分割令取消し　デリー遷都

1913 ⋯⋯⋯⋯ タゴール、ノーベル文学賞受賞

1914 ⋯⋯⋯⋯ 第一次世界大戦（〜1918）

1915 ⋯⋯⋯⋯ MKガンディー、南アフリカより帰国

タゴール、ジョージ5世よりナイト叙勲

1916.4.4 ⋯⋯ チェルムスフォード総督（〜1921.4.2）

1919.3.18 ⋯⋯ ローラット法施行

4.6 ⋯⋯ 反ローラット法サティヤーグラハ開始（〜1922）

4.13 ⋯⋯ アムリトサルの虐殺

5.31 ⋯⋯ タゴール勲章返還

1921.4.2 ⋯⋯ アイザックス総督（〜1926.4.3）

1922 ⋯⋯⋯⋯ ランパ蜂起

1924.5.7 ⋯⋯ アッルーリ・シーターラーマ・ラージュ死去

1928 ⋯⋯⋯⋯ ゴーンド蜂起

1940.10.27 ⋯⋯ コムラム・ビーム死去

1943〜44 ⋯⋯ ベンガル大飢饉

1947.8.14 ⋯⋯ パキスタン独立

1947.8.15 ⋯⋯ インド独立

1　前史

植民地化

タポシ　『ＲＲＲ』では時代設定も架空ではなく、史実をもとにした緻密な設計がされています。ここでは年代を追って当時の歴史的背景からみていきます。まず、どこから始めましょうか？

山田　では**1757年プラッシーの戦い**[8]から始めましょう。これは貿易会社だったイギリス東インド会社[9]が領土支配をする統治組織へ転換するきっかけになった事件です。ここからおよそ100年間の戦争をへて、イギリス東インド会社は南アジア全域を支配下におさめました。

タポシ　前の話だと、その中に直接統治された地域と藩王国になった地域があったんでしたね。

山田　そうです。次の歴史的な事件は**1857年インド大反乱**です。日本の教科書ではセポイの反乱、シパーヒーの反乱などと書かれていて、セポイ、シパーヒーというのはイギリス東インド会社に雇われたインド人傭兵のことです。イギリス東インド会社は征服戦争の過程で在地の人間を軍隊や末端の役人に雇用しました。なぜかというと、インドは広かったので、イギリス人だけでなにからなにまでやることはできなかったからです。

　でも、雇われたインド人の中にはイギリスに対して恨みや憎しみを持つ人たちがいました。だいたい普通に考えても、職業や地位、財産を失くし、大事な家族や友を殺された人たちが、昨日の敵に雇われて満足するわけがないでしょう。大反乱はそんな傭兵たちの反英感情の爆発がきっかけだったんです。

タポシ　たしかイギリスが新しい銃を導入して、その薬莢を入れた袋の油……つまり、銃に弾を込めるにはその袋を口で噛み切るんだけど、そこに塗られていたのが豚と牛の油で、でも豚はムスリムには不浄、牛はヒンドゥーには神聖な動物なので、どっちも宗教的禁忌に触れるので激怒したと。

山田　油はひとつのきっかけで、日常的な差別や屈辱的な扱いに対しても不満が鬱積していたんです。そこへ彼らの尊厳を傷つける象徴的な事件が起こった。口火を切ったのは傭兵ですが、王族や農民、商人ら、イギリスによって破滅させられた人々が次々合流しました。戦火は各地に飛び火して、インド全土を巻き込む内戦に発展します。インド人側はムガル皇帝の下に結集して激戦を戦いましたが、最後は敗れてしまいました。

タポシ　そういえば、『ＲＲＲ』や『バーフバリ』シリーズ（テルグ語, 2015/2017）の原作者ヴィジャエーンドラ・プラサード（V Vijayendra Prasad, 1942-）は『マニカルニカ ジャーンシーの女王』（ヒンディー語, 2019）という映画の脚本も手がけています。これは大反乱で活躍した実在の王妃の物語でした。有名なサタジット・レイ監督（Satyajit Ray, 1921-92）の名作『チェスをする人』（ヒンディー語ほか, 1977）もありました。

山田　結局、イギリスはかろうじて勝利したもののダメージも大きくて、もうこれ以上インド経営を東インド会社に任せていてはダメだ、となって、名実ともに植民地にしてしまいました。これが**1877年インド帝国の成立**です。大反乱は後に第一次独立戦争とも呼ばれるようになった事件ですが、それは正式な植民地統治の開始でもあったんです。

新しい地税制度

タポシ　正式な植民地になってなにがどう変わったんでしょうか？

山田　植民地政府はインドからの税収を最大限に増やして本国の経済

発展に貢献することが至上命題でした。そこが貿易会社だった以前の東インド会社との違いです。また税増収計画をインド人の生活を犠牲にしてでも徹底的に遂行するというのが、主権国家である宗主国イギリス本国が自国民に対して行った内政との大きな違いです。

タポシ　19世紀といえば産業革命と帝国主義の時代ですよね。イギリスが先進国として巨大な大英帝国を発展させ維持するのに、インドの犠牲が必要だったわけですね。

山田　ええ。そのために考案された制度はいろいろありましたが、なかでも多大な影響があったのは地税制度でした。ただ**新しい地税制度**は急に導入されたのではなく、100年以上かけてゆっくりと全土に広められていきました。

タポシ　イギリス人の理不尽な振る舞いは、タイトルもズバリ「地税」という意味の映画『ラガーン』（ヒンディー語，2001）でも描かれています。それにしても、地税は今の日本でいうと固定資産税のうち土地にかかる税ですよね。このような税はどの国でもあると思いますけど、これが特に高かったんですか？

山田　単に高いだけではすまなかったんです。『ＲＲＲ』にはその様子を表す重要なエピソードが挿入されています。それはラーマの父親が解放闘争を始めるきっかけになった事件ですが。

タポシ　パーラクルティ村で長老が木に括りつけられて断罪されている場面ですよね。水害を理由に村人が税を滞納し、長老が調査官を襲ったと。

山田　それです。この場面自体はフィクションですが、似たような事件は当時どこでも、しかも頻繁にありました。地税は非常に重く、滞納は許されませんでした。もし天候不順や疫病、災害で不作になると、農民たちは地税を払えませんでした。すると政府が暴力的に土地を接収して転売してしまうので、飢えて借金してでも納税しようとしますが、それでも足りなかったり、翌年以降も不作が続いたりすると悪徳高利貸しの世話になって、結局借金のカタに土地を取られます。

タポシ　農地を失ったら都市へ出て労働者になるという選択肢はなかったんですか？

山田　そこは問題で、植民地では宗主国のような近代的工業発展は非常に限られていたので、借金を抱えたまま土地を失った農民は結局行き場を失いました。加えて、古き良き村落共同体の相互扶助的な機能も、地権者が変わるうちに崩壊していきました。

イギリス統治が本格化してゆく**18世紀後半以降**、深刻な**大規模飢饉**が各地で頻発して、多くの人々が亡くなりました。現代のインドの貧困の起源をここに遡る研究者もいます。

タポシ　そうすると、結局飢え死にするくらいなら堂々と納税拒否して反抗して死んだ方がましだってなりますよね。だからパーラクリティ村の人々は納税拒否して、長老は調査官を襲っちゃった。せつないですね。日本でも農民一揆や米騒動はあったけど、同じ日本人の統治下ですからね。

でも、ラーマとビームは農民ではないのでは？　ラーマの故郷は周りに木々がある森のようなところで田畑はなかったし、ビームはそれこそ森の民です。

山田　実は一見イギリス支配とは無縁そうな山奥こそ、植民地支配のしわ寄せが大きかったんです。農村の地税の問題は、山地では森林の土地資源をめぐる問題として起こりました。政府は森林資源から利益を上げるために、森を勝手に国有化したりして占有し、もともと住んでいた人々を締め出しました。伝統的に移動農業や牧畜をしながら森の恵みを利用して暮らしていた、主にトライブの人々が故郷から追い立てられてしまったんです。

タポシ　史実として、実在のラーマとビームの村でもそのようなことがあったんですか？

山田　そう、あったんです。英領マドラス管区では**1882年**に施行された**森林法**（The Madras Forest Act, 1882）があります。名目上は環境保護のためでしたが、実際には資源利用、つまり近代的開発のためでした。それで東ガーツ山脈のトライブが追い出されました。ニザームの藩王国でもこれに倣い、税収確保のために“森林の保護”を行いました。実在のビームの父は、土地を取り上げに来た役人に殺されました。

タポシ　つまり、森の人々も生存基盤を奪われたと。さきの農村の話とあわせると、イギリス支配の影響はインドの隅々にまで及んだんですね。

山田　そうです。問題は、多くの人々が、イギリス支配がなかったら被らなかったであろう苦難、それも自分自身の選択によらない苦難を無駄に強いられた、ということなんです。

愛憎共存

山田　ただここでもうひとつ大事なことは、実は誰もかれもが貧しくなったわけではなく、逆に“恩恵”を受けて豊かになった人々もいたことです。

タポシ　いったいどんな人たちが？

山田　イギリスが建てた西欧近代的な学校で英語教育を受けた者の多くが、政府の下級役人や警察官、学校教員やジャーナリスト、医者や弁護士など、それまでインドになかった新しい職業に就いて、経済的にも社会的にも地位を向上させました。

タポシ　たしかに、政府が農民から取り上げて転売した土地を買えた人たちがいたわけだから、イギリス統治のおかげで資産を増やして成り上がった人々がいたのは想像できます。でもその中には内心は反英的な人たちもいたんですよね？　大反乱当時のように。

山田　私の恩師はよくアンビバレント、愛憎共存という言葉を使っていました。西洋的な学校教育を受けた人たちは「自由・平等・友愛」とか、いわゆる民主主義についても学ぶことになるので、皮肉にもその理想とイギリス支配との間にある矛盾にも気づいてしまう。

ラーマの父親が職を捨てたのは、イギリス統治の残虐さを目の当たりにしたからでした。当時のインドに「人道」という言葉はなかったでしょうけれど、残虐性や差別に対する怒りはありました。

タポシ　理不尽に人が殺されるなんて酷い！　というのは教育がなくても分かりますけど、学校で民主主義について学んでいたら、その「酷い」「嫌だ」「おかしい」という感覚に確信をもてるようになるでしょうね。おまえらイギリス人は自由だの平等だのとか言っているけど、自分たちの行いを見てみろ！　自分たちの利益のためにやりたい放題しているだけじゃないか。私たちインド人の自由と平等はどこにあるんだって。

山田　それに関連して、『ＲＲＲ』には面白い場面があります。ラーマの書斎にはいっぱい本が積まれていましたが、机に座ったらちょうど仰ぎ見る位置に誰かの肖像がありました。気がつきましたか？

タポシ　タゴール（Rabindranath Tagore, 1861-1941）ですよね。ぼくは半年程度ですけどコルカタに住んでいたので、ベンガル人のタゴールには特別な思いがあります。タゴールは1913年にアジア初のノーベル文学賞を受賞し、さらにイギリスからナイトの勲章ももらいました。でもなんでベンガル人の肖像があるのか不思議でした。

山田　タゴールは生涯、民族運動側に立って支持していました。勲章も1919年にイギリスに抗議して返還してしまいます。彼の詩は現在インドとバングラデシュ両国の国歌に使われていて、つまりそのくらい民族独立の象徴です。ところが、タゴール家はもともとイギリス帝国主義の拡大のおかげで資産を増やして豪商になった、いわくつきの“名家”なんです。

タポシ　ということは、タゴールの肖像があったのはノーベル賞を取った有名人だからとかじゃなくて、イギリス支配の恩恵を受けながらも民族主義者になったその生き方にラーマが敬意を抱いたからなんですかね。ベンガル人とかテルグ人とか関係なく。

山田　ええ、きっと。そういうインド人は沢山いて、テルグ人にもいるんですが、肖像を飾っても誰にも分からないでしょう（笑）。でもタゴールなら誰にでも分かる。ガンディーやネルーはもちろん、エンディングの**♪《エッタラ・ジェンダ》**に出てきた「雄牛」たちの中で、英領期の世代は英語教育の“恩恵”を受けた人たちばかりです。

タポシ　つまり、イギリス統治のせいで貧困へ追い込まれた人たちはもちろん、“恩恵”を受けた人たちまでもが疑問や怒り感じるようになり、その感情と意識がインド人全体に広がり、共有され、反英民族運動が本格化していったということですね。こうした歴史や時代背景を踏まえ、当時のインド人の心情を想像すると、また違った物語が浮かび上がってくるようです。

---

8)　ムガル帝国から半独立状態にあったベンガル太守（知事）がフランスから支援を受け、プラッシーでイギリス東インド会社と戦った事件。これに勝利したイギリス東インド会社はベンガルに傀儡太守を立て、一種の領主権（ザミーンダーリー）を獲得した。

9)　1600年に設立されたアジア貿易を独占的に行う特許会社。18世紀以降商業会社から支配機構へと変貌を遂げ植民地支配の基礎を作るが、経営体制への批判や自由貿易主義の広がりなどを背景に19世紀には貿易活動が停止され、インド大反乱後1858年に最終的に解散した。

2　反抗する人々

ガンディー以前

タポシ　さきほど、パーラクリティ村のような民衆の納税拒否は頻繁にあったという話がありました。インドの独立運動というとガンディーが有名ですが、それよりもずっと前から民衆的な反抗があったのは知りませんでした。

山田　実は、生死にかかわるような変化を強いられた**貧困層の反乱や蜂起**の歴史は古くて、18世紀にはいくつも事件が起こっています。ただ詳しいことはわかっていません。

タポシ　そうなると、**1885年インド国民会議の結成**は遅かった気がするし、これはそもそもインド人ではなくイギリス人の主導でできた組織なんですよね。

山田　それに、国民会議の初期のメンバーは皆イギリスかぶれのインテリで、イギリスを先進国と仰ぎ見てその真似をするような人たちでした。民族運動といえるような活動はなく、自分たちの狭い関心事ばかりを恭しく陳情して済ませる程度のものでした。

タポシ　ちょっとした社交サロンみたいですね。でも結局はそこから独立運動が立ち上がるとしたら、どんなふうに独立運動が本格化したんですか？

山田　まもなく国民会議の初期のメンバーたちの態度を“物乞い”だとダメ出しする人たちが登場しました。彼らは急進派と呼ばれ、しだいに指導的な立場を占めるようになります。そんなとき大事件が起こるんですが、それが**カーゾン総督**（George Curzon, 1859-1925）**による1905年ベンガル分割令**の発令です。

タポシ　高校世界史で習った記憶が少しだけ（笑）。

山田　ベンガル管区をヒンドゥーとムスリムの、ふたつの宗教に沿って分割する案です。そしてその反対運動の中心が急進派でした。当時ベンガル管区は西欧化の先進地域で、首都もまだカルカッタ（現コルカタ）にありました。英語教育を受けたインド人も多くて、彼らの間で反英意識が高まっていました。そんな人たちがベンガル分割令はベンガル人の団結を潰すための分割統治だと非難したんです。

タポシ　民族意識が盛り上がっていたから、まずここを抑えなきゃって政府は考えたとして……当時のインド人——この場合ベンガル人ですが——彼らにはあまり宗教的帰属意識はなかったんですか？　宗教よりもベンガル語を共有するベンガル人としての団結を重んじているように見えます。

山田　宗教意識も当然ありましたが、少なくともイギリスの露骨な分割統治政策には反対でした。分割令は最終的に撤回されましたが、政府にとってみれば「ほらやっぱり、だからカルカッタは危ないんだ」となって、**1911年デリー遷都**が決まったんです。

タポシ　それで総督はデリーに住むことになり、分割令も失敗、と。

山田　でも、ベンガル分割令には重大な結末が待っていました。実はこのときの分断線が、後にインド・パキスタンが分離独立したときに、インドと東パキスタン（現バングラデシュ）の間の国境線として復活したんです。

　ちなみにカーゾンといえば、世界史で有名なカーゾン線があります。ポーランドとロシアの間の国境線で、現在の2国間の国境のもとになりました。つまりカーゾンは、地球上に国境線を2本も引いた稀有な人なんです。私の先生は彼のことを「線を引くのが好きな人」と言っていました（笑）。

解放闘争の旗

タポシ　ベンガル分割令反対運動は、『ＲＲＲ』とどんな関係あるんですか？

山田　ずばり、旗とスローガンですね。『ＲＲＲ』に頻繁に出て来る旗は、この運動で採用されたものと非常によく似ています。当時の人々は旗に「母なるインドをたたえよ」（Vande Mataram）というスローガンを書いて、それを持って叫びながらストライキを行ったりしました。ここから、ベンガル分割令反対運動はヴァンデー・マータラム運動とも呼ばれます。

タポシ　なるほど。『ＲＲＲ』の旗は当時のものなんですね。

山田　少し違うかもしれないんですが、当時デザインは頻繁に変わったし、数多く作られたし、それに人が書き写すうちに変化した部分もあるでしょうから、『ＲＲＲ』と同じ旗も実在したかもしれません。

タポシ　この旗はラーマとビームが少年を助けるときや、エンディングの♪**《エッタラ・ジェンダ》**、ほかにもいろんなところで小道具として使われています。スローガン「母なるインドをたたえよ」〔31分頃〕も、ラーマが潜入したデリーの政治集会の壁にナーガリー文字で、女性の肖像画と一緒に書かれていました。

山田　あの女性は“母なるインド”のイメージです。政治集会の場面では、壁にもうひとつのスローガン「母なるインド万歳」（Bharat Mata Ki Jai）も書かれていて、そのふたつともバンキムチャンドラ（Bankimchandra Chattopadhyay, 1838〜1894）という有名なベンガル人作家の小説『アノンドモト』（Anandamath, 1882）からとられたと言われています。

タポシ　『ＲＲＲ』の旗を見た日本人の観客の中には、アジア太平洋戦争での「日の丸」や「旭日旗」を連想したり、現在インドで問題になっているヒンドゥー至上主義的ナショナリズム（ヒンドゥトゥヴァ運動）と結びつけたりした人もいたようですが。

山田　日本人がそう感じるのは無理もないですが、はっきり言って誤解です。

タポシ　ぼくもそう思うのですが、誤解だと説明する根拠が希薄なので詳しく聴きたいです！

山田　まず、ヒンドゥトゥヴァ運動で使われるのは別の旗です。第2に、『ＲＲＲ』の旗はヒンドゥー至上主義のインド人民党（Bharatiya Janata Party, BJP）[10]や民族義勇団（Rashtriya Swayamsevak Sangh, RSS）[11]にとって宿敵、宗教融和を唱える国民会議派が作った旗です。そしてなにより、これは国旗ではありません。まだ自分の国を持っていない人々の旗であって、すでに国家を持っている人々が他国を侵略するときに使った旗とは全く意味合いが違います。民族解放闘争の旗であって、インド人の解放と自立、尊厳の象徴なので、インド人には良いイメージがあるんです。

タポシ　ああ、なるほど……でもそこは、なかなか日本人にはつかめない感覚かも。

山田　旗はベンガル分割令反対運動以降、民族運動の不可欠なアイテムになりました。この後に登場するガンディーも自らデザインして使うほど誇らしいものだったんです。

タポシ　ちなみに、うちでは祝日を「旗日」といって家の門に「日の丸」を掲げていたんですが、ぼくが旗を掲げる係でした。その頃まだ「日の丸」は誇らしいものだと思っていましたからね。

山田　門のある家に住んでいたんですか？　すごいですね（笑）。

タポシ　門っていっても体当たりしたら倒れそうな、安っぽいブロック塀の門です（笑）。そういえば、日本のインド料理屋の店先によくインド国旗ありますね。インド人が旗に誇りを持っているなら、フランス料理屋の店先に三色旗があったら、フランス革命の「自由・平等・友愛」が込められているってことですかね。

山田　ええっと、そこはベトナム支配とかアルジェリア戦争とか、フランスがイギリス同様植民地でやったことも思い出していいんじゃないかと。

タポシ　そうか！（笑）　旗にもいろいろあるというか、その役割や意味合いは様々なんだと気づかされますね。

山田　余談ですが、私が最初に『ＲＲＲ』の少年救出場面であの旗を見たとき、実は全く別のことを考えました。インドでは国旗の扱い方について詳細な規定（Flag Code of India）があって、ぞんざいに扱うことは処罰の対象です。だから、ラーマがまるで道端のゴミかなにかを拾ったみたいに旗をつかんで、迷いもなく河に入れて濡らす場面を見たとき、一般のインド人客は「これで検閲大丈夫だった？」とハラハラしたんじゃないかと思ったんですよ。あれと同じことを今インド国旗でやったら処罰されますからね。

タポシ　処罰ですか！？　それはつまりラージャマウリ監督がある意味国旗を侮辱したように見えたと？

山田　そうです。国旗ではないんですが、やはり連想する人がいるとは思ったので。でもそうだとすると、エンディングで「旗を掲げろ」って歌う理由が説明できないんですよ。あそこに批判的な要素は感じられないから。そのあとしばらく考えて、結局あの旗は民族解放という“大義”の比喩で、その“大義”がラーマとアクタルを結びつけ、少年を助け、アクタルを炎から守った、という演出だったんだなと思い直しました。

タポシ　なるほど。ただ少年救出の場面は、旗なんかより人命が大事っていうメッセージという解釈もあり得るんで、そういう意味ではやはり国旗的なものを批判した可能性はあるかもですよ。

山田　まあ、本当のところは監督にきかないと（笑）。ただ一点補足すると、ラーマとアクタルが手を握り合って『RRR』のタイトルが出てきたとき、その真ん中には現在のインド国旗の中心にある法輪、アショーカ・チャクラがありました。

タポシ　ダルマ・チャクラですね。ブッダが最初の説法で説いた「初転法輪」を表すシンボルで、仏教を篤く信仰し保護した古代マウリヤ朝のアショーカ王が重用し、現在では仏教を越えて多くの場面で使われています。

山田　ダルマは正義とか法とか真理とか訳される、インド哲学でもっとも大事な概念のひとつですね。

タポシ　「法輪」は仏教用語としての訳ですけど、ピタッとした訳出が難しい言葉ですね。ぼくのヨーガの師からは「ダルマとは、"保持する"という意味のサンスクリット語が由来になっており、"存在が存在し得るよう保持する特性または法則"である」と教わりました。たとえば、火のダルマは燃えることで、そうしなければ火は火として存在できなくなるという喩えをしてくれています。それを車輪のカタチに表したのがダルマ・チャクラだと自分は理解しています。

山田　ちょっと難しいかな（笑）。

タポシ　ですよね（笑）。でもタイトルで出てくる『RRR』のロゴでは、ダルマ・チャクラの中心でラーマとビームがガチッと握手していて、これはふたりの正義、法、真理……彼らが互いに存在し得る、互いを活かし、保持する存在である……などなど、モロモロを関連付けて読み解くと、なかなかどうして『ＲＲＲ』のタイトルロゴの解釈が深まります。

脱線ですが、ぼくが修行していたところでは、ヨーガ実践者が集まる集会もダルマ・チャクラと呼んでいました。「輪」という意味があるので「友達の友達は、皆友達だ。世界に広げよう友達の輪っ!!」みたいな意味も込められているのかもしれません（笑）。

山田　それはどうかな（笑）。

タポシ　脱線が過ぎましたね（笑）。話を戻しましょう。

第一次世界大戦後

山田　話を先に進めると、次は**1916年新総督チェルムスフォード**（Frederic Thesiger, 1st Viscount Chelmsford, 1868-1933）**の赴任**です。『ＲＲＲ』のスコットの総督在任時期は、史実ではこのチェルムスフォードと次の**アイザックス総督**（Rufus Isaacs, 1860-1935）の任期に重なります。

タポシ　1914年に始まった**第一次世界大戦**の真っ最中ですね。

山田　そうです。戦時体制下で、インドは否応なく多くの兵士を戦場に送り出しただけでなく、半ば強制的な物資、食料の生産や拠出など、多大な犠牲を強いられました。

タポシ　パーラクリティ村の事件のように、そのときも人々は反抗したんですか？

山田　最初は協力もしていましたが、戦争が長引いたので厭戦ムードが高まって、急進派が反英運動を再開しました。政府はインド人をなだめるために、戦後の自治をちらつかせて期待を持たせましたが、いざ戦争が終わると、治安維持法による厳しい弾圧が始まりました。これが**1919年ローラット法**[12]**の施行**です。

タポシ　それでインド人の反抗が激化するんですね？

山田　そうです。**1919年4月6日**インド国民会議はガンディーを中心に大衆的な**反ローラット法サティヤーグラハ運動**を開始しました。

タポシ　ここでやっとガンディー登場だ。彼はずっと南アフリカにいて、インドに帰国したのは1915年。サティヤーグラハ運動は非協力運動とか市民的不服従運動とも呼ばれます。文字どおり非協力不服従、つまり協力も服従もしないし、言うこともきかない、というやり方で、イギリス製品の不買やボイコット、ストライキ、逮捕志願とかを実行していきました。

山田　当然、政府は大弾圧をもって応えました。それがいかに残虐だったかを示す事例が、**アムリトサルの虐殺**（ジャリヤーンワーラー広場虐殺事件）です。

タポシ　さっき出た、タゴールが勲章を返還した話は、この事件が理由だったかと。

山田　そうです。アムリトサルはパンジャーブ地方の中心的な都市で、シク教の総本山、黄金寺院があります。かつてイギリスがこの地域を征服したとき、勇猛なシク教徒を相手に苦戦したので、彼らを特に武勇に優れた“種族”と見込んで、イギリス軍に集中的に採用しました。

タポシ　日本でも公開された『ケサリ／21人の勇者たち』（ヒンディー語，2019）という映画がインド軍のシク部隊を描いていました。それと黄金寺院のランガル（無料食堂）の舞台裏を描いたドキュメンタリー映画『聖者たちの食卓』（2011）も印象的な映画でした。

山田　まさにその『ケサリ』ではないですが、第一世界大戦に従軍した多くがシク教徒でしたし、シク教徒以外にも多くのパンジャーブ人が戦地へ赴き、そこで戦死するか、傷痍して帰還しました。帰還した者は、戦場の過酷な経験や軍隊での差別の話を沢山持ち帰りました。

タポシ　イギリスの戦争のために戦ったのに、帰還後もローラット法で弾圧されたわけですね。その憤りは想像に難くないです。そうして以前の大反乱の傭兵のように、パンジャーブ人の間にも反英感情が広まったと。

山田　そうなんです。**1919年4月13日**、アムリトサルにあるジャリヤーンワーラー広場は、休日の買い物や遊びに来た人々で賑わっていました。その一角では壇上で民族運動家が演説していて、群衆が集まってそれを聞いていました。

　群衆はローラット法と、その直前に起こった民族指導者の逮捕に抗議していたといわれています。ただ演説自体は、ガンディーの唱える非暴力的抵抗を呼びかける平和的なものでした。しかしそれにもかかわらず、イギリス人のダイヤー准将が軍隊を率いて乗り込み、広場の出口をふさいだうえで、約2万人に対して10分から15分、「弾がなくなるまで」無差別に発砲しました。死傷者は一説では1500人以上と言われています。

タポシ　なんとも悲惨すぎる事件です。無抵抗な市民の一方的な無差別殺戮。この事件は、映画『ガンジー』(英語, 1982) でも詳細に描かれています。

山田　だんだん『ＲＲＲ』の話に近づいて来ましたよ。さっき私は、広場の群衆は「民族運動家の逮捕に抗議していた」と言いました。『ＲＲＲ』でラーマの登場シーン、1万人の群衆は「ラーラー・ラージパト・ライに自由を！　解放しろ！」〔6分頃〕と叫んでいました。ラーラー・ラージパト・ライ (Lala Lajpat Rai, 1865-1928) は実在したパンジャーブ人の民族運動家で急進派のトップのひとり。パンジャーブ人にとっては英雄で、“パンジャーブの虎”とも呼ばれた人物です。

タポシ　つまり、あの群衆の場面はアムリトサル虐殺事件の直前のイメージなんですか？

山田　多くのインド人がそれを連想したと思います。

タポシ　でも『ＲＲＲ』の群衆は史実と違って虐殺されず、ラーマにボコボコにされただけで、逆にイギリス人警官に「恐怖を感じます」〔13分頃〕と言わせただけで終わりますね。

山田　そこはフィクションの部分ですね。でも『ＲＲＲ』の中でアムリトサル虐殺事件の引用はほかにもあって、それはラーマの故郷の村が襲われる場面です。民兵とはいえ木製のおもちゃの銃しか持たない丸腰の民衆に向かって、突然イギリス人が周囲の木々から現れて、おんな子ども構わず銃を乱射して虐殺する。

タポシ　あぁ、あのシーン。カメラが引くと森に囲まれた村の全景が映りますね。あれはたしかに周囲を壁に囲まれたジャリヤーンワーラー広場に状況が似ているのでしょうね。

山田　そう。つまり『ＲＲＲ』では、アムリトサル虐殺事件がパンジャーブを越えてテルグ人、ひいてはインド人全体に共有すべき経験として想起されるような描き方がされていると思います。そして実際あの手の事件は程度の差こそあれ、インド各地で本当に起きていました。『ＲＲＲ』が汎インド映画といえる要素は、こういう物語設定にもあると思います。

タポシ　なるほど。ところでアナングプルの群衆は、ほとんどがターバンをかぶっていますけど、皆パンジャーブのシク教徒というわけではないですよね？

山田　あの群衆のターバンはシク教徒に特徴的なスタイルが多いようですけど、ターバン自体はヒンドゥーもムスリムも、いろんな場面で被るんですよ。『ＲＲＲ』ではペッダイヤもジャングも被っていますよね。あれもターバンです。

タポシ　エア・インディアのマスコットも被っています（笑）。

山田　「マハラジャくん」ですね。私は「ナマステおじさん」と呼んでいますが（笑）。

タポシ　ではアナングプルで石を投げつけて、ラーマに捕らえられる男性は？

山田　彼はシク教徒ですね。ターバンの形や布の折り方、額に見え隠れする白いものとかで分かります。ただパンジャーブ地方自体は多宗教です。地域の言語はパンジャーブ語です。後に分離独立で分断されましたが、それ以前はムスリムが約5割、ヒンドゥーが3割、シクは2割でした。

タポシ　シク教徒はむしろ少ないんですか。

山田　でもシク教はヒンドゥーとイスラームの折衷宗教なので、孤立した宗教ではまったくないんです。ラーラー・ラージパト・ライ自身が良い例で、家系的にはジャイナ教、でも父親はイスラーム教の信奉者、母親は敬虔なヒンドゥー、親戚にはシク教徒がいる、という人物でした。彼自身は信条的にはヒンドゥーだったと思いますが、写真を見るとシク教徒のようなターバンを被っています。

タポシ　ラーラー・ラージパト・ライは、実際にあのとき逮捕されていたんですか？

山田　私も少し調べましたがよく分かりません。ただ、ここからが『Ｒ

ＲＲ』で大事なところなんですが、先述のとおり反ローラット法サティヤーグラハ運動開始は1919年4月6日、アムリトサル虐殺事件は4月13日です。群衆はラーラー・ラージパト・ライの釈放を叫んでいます。そうなると、ラーマvs1万人の戦いは4月6日から13日の間に設定されていることになります。

タポシ　ずいぶん細かく刻んできましたね（笑）。実際、アムリトサルの虐殺は大事件だから、もし群衆がそれを知っていたら、ダイヤー准将を殺せとかも叫んでいたはずですよね。つまり群衆が集まったのは事件の前ということに。

山田　そうだと思います。つまり、ラーマとビームがヤムナー河で出会ったとき、すでに反ローラット法サティヤーグラハが展開されていて、運動家もあちこちで逮捕され、イギリス人がインド人を無差別に殺そうとしている。そういう不穏で騒然とした雰囲気にインドは包まれていた、ということです。

10）　1951年に結成された全国政党で民族義勇団（下記）を支持母体とする。インド国民会議派の一党優位体制が崩壊する中、1996年に連邦下院第1党に躍進し、1998年に初めてインド首相（ABヴァジパーイ）を輩出した。2023年現在、首相モーディーは2014年以来2期目をつとめる。

11）　1925年に設立されたヒンドゥー至上主義組織。インドをヒンドゥー国家にすることを目指すヒンドゥトゥヴァ運動を推進し、1948年のMKガンディー暗殺をはじめとする多くの刑事事件や宗教暴動に直接関与したとされる。インド人民党（上記）の支持母体としてその存在感を誇示している。

12）　第一次世界大戦後の1919年にインド政庁が反英民族運動を弾圧するために施行した治安維持法。インド人の容疑者に対し警察は令状なしの逮捕や裁判抜きの投獄ができる。法制定委員ローラットの名前に由来する。

インターバル1 映画のある街の風景

『マガディーラ 勇者転生』本国封切り時の劇場のゲートの飾り。ヴィジャヤワーダで2009年9月に撮影。

『ヤマドンガ』ポスターがある街の風景。ハイダラーバードで2007年8月に撮影。

インターバル1 トークイベントの記録

あまや座 2023年1月21日

©平山太市

©菊地さとみ

RRR! ターリー
カレー2種（下記の組合せ A~F より選択）
サンバル（インドの代表的な豆のスープ）
タンドリーチキン 又は サラダ
ライス & チャパティ（全粒粉のインドの家庭のパン）
1,500yen（税込1,650）
カレーの組合せ
Ⓐ ムルガマサラ 中辛チキン & エッグ 中辛 タマゴ入カレー
Ⓑ キーマ 鶏ひき肉の辛口カレー & エッグ
Ⓒ ムルガマサラ & キーマ
Ⓓ クリーミーチキン マイルド チキンカレー & エッグ
Ⓔ キーマ & 豆 レンズ豆のMix，マイルド
Ⓕ キーマ & ベジタブル（中辛 やさいカレー）
おすすめの ドリンク Menu
チャイ Hot or Ice 450（495）
インドのミルクティー
ラッシー 450（495）
自家製ヨーグルトドリンク
マンゴーラッシー 580（638）
マンゴージュース 480（528）
YOU KNOW
NAATU COFFEE
(無料)
南インドコーヒー

©菊地さとみ

まちポレいわき 2023年3月11日

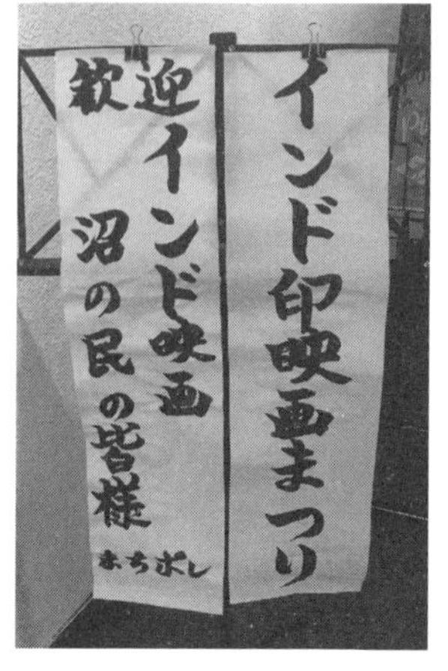

東京 2023年3月21日

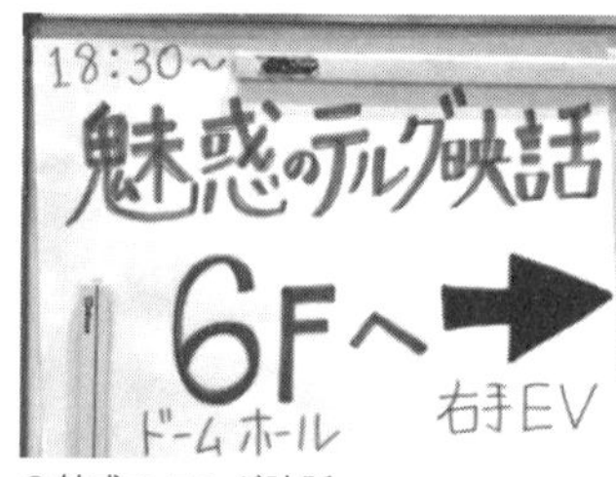

©魅惑のテルグ映話

©魅惑のテルグ映話

インド印
映画まつり
2023
春
RRR

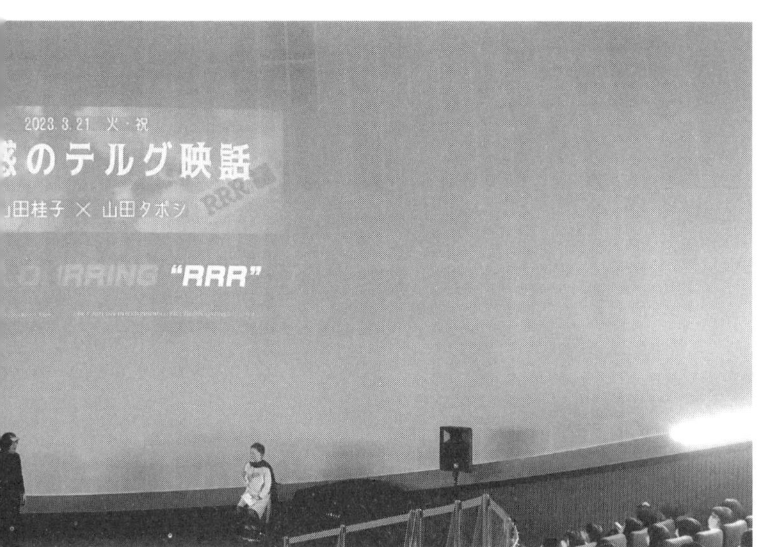
2023.3.21 火・祝
のテルグ映話
山田桂子 × 山田タポシ
"RRR"

大阪 2023年7月17日

第 3 章

物語と
登場人物

1　時系列的整理

ラーマとビームの年齢

タポシ　いよいよここから『ＲＲＲ』の「読み解き」に入っていきましょう。1919年までの史実を確認しましたが『ＲＲＲ』はその続きで、ラーマとビームが出会う1920年から物語が始まります。

山田　その前にひとつ、出会った当時のふたりの年齢についておさえておきます。『ＲＲＲ』では、ふたりは未婚の男という以外、特に情報はありません（笑）。でもラージャマウリ監督は、構想段階から主人公には実在のモデルがいることを公表していたので、インドの観客にはふたりの年恰好について具体的なイメージがあったはずです。

タポシ　そうですね。ではモデルになったふたりは何歳？

山田　ラーマのモデルになった実在の人物の本名はアッルーリ・ラーマ・ラージュ（Alluri Rama Raju）で、生年月日には諸説あって1897年か1898年といわれています。ビームのモデルは実在の人物と同じ名前のコムラム・ビーム（Komram Bheem）で、彼の生年月日にも諸説あって1900年か1901年といわれています。

タポシ　そうすると、出会った1920年当時――実在のふたりは出会っていないわけですけど――（笑）、ラーマが22歳か23歳、ビームが19歳から20歳ですよね。若い！ ラーム・チャランとNTRジュニアは撮影時30代後半……少々無理がありますかね（笑）。

山田　自分が教えている大学生と同じ年齢と思うとちょっと信じられない（笑）。

タポシ　あんな大学生いたらびっくりしますね（笑）。

山田　ラージャマウリ監督はあるインタビューで、あまりに若い者たちの自己犠牲と死、それに対する思いが創作の源にあったと話していました。「死」と言っているのは、実在のふたりは殺されるからです。その時代に生まれなければ全く違う人生があっただろう若者たちの、ひたむきな生と悲劇的な死には、いつも心が締めつけられます。

タポシ　本当に……。

　では、年齢が判明したので名前について。まずラーマですが、制服のネームプレートに「A. Rama Raju」とあり、昇進のときに「**A・ラーマ・ラージュ**」〔97分頃〕と呼ばれていました。この「A」が、実在のモデルの名前にある「アッルーリ」のことですよね？

山田　そうです。アッルーリは姓です。ヤマダみたいに。次の「ラーマ・ラージュ」が本人の名前です。

タポシ　『RRR』では、ラーマがアクタルに最初に名乗るときは、字幕では「**ラーマだ**」〔38分頃〕となっているのに、発音は「ラージュ」に聞こえます。この違いはどうしてですか？

山田　ラージュもラーマも本人の名前ですが、観客に分かりやすいように字幕ではひとつにしたんです。ラージュではなくラーマの方にしたのは、父親がそう呼んでいるのと、叙事詩『ラーマーヤナ』のラーマ王子に喩えられる場面があるので。

　ただし、インドで知られている彼の名前はアッルーリ・シーターラーマ・ラージュで、これは本名に「シーター」を加えたものです。

タポシ　なぜ違う名前で知られているんですか？　「シーター」は叙事詩『ラーマーヤナ』のヒロインで英雄ラーマの奥さんですよね。

山田　ええ。『RRR』に出てくるラーマの許婚の名前「シータ」は、サンスクリット語の「シーター」がテルグ語化した名前です。で、このシータにも実在のモデルがいて、ラーマ・ラージュが若い頃に亡くした恋人です。彼女が亡くなって以来、その名前を自分の名前と一緒にして名乗り続けたというのが有名な逸話なんです。叙事詩のラーマとシーターのような夫婦になりたかったんでしょうね。

タポシ　せつないというか、ロマンチックというか。よく見ると、タイトルロゴの中には、アッルーリ・シーターラーマ・ラージュという名前が書き込まれているんですよね。では、ビームの名前はどうですか？　コムラムも姓なんですか？　コマラムとかコムランとか、いくつか表記があるようですが。

山田　アッルーリと同じ姓と言っていいかはわからないんですが、たぶんゴーンドの中の一派の名前を姓のように付けているのかなと思います。ゴーンド語なので、テルグ文字やラテン文字ではいくつかの表記があるんですが、♪《**コムラム・ビームよ**》中の発音に合わせました。でも、♪《**ラーマン・ビーマン**》では「コマラム」と発音されています。

タポシ　インド人は日本人みたいに戸籍とかに公用の名前を登録するわけじゃないから、少しずつ発音の違う名前を複数使ってたりしますよね。

山田　昔インド首相をつとめたテルグ人、PVナラシマ・ラオ（P V Narasimha Rao, 1921-2004）の名前は、テルグ語をカタカナにするとナラシムハ・ラーウなんですが、最後のラーウは大概ラオとかラーオとかに変わります。これは一例ですが、インド人はどれが本当の名前かとか、本人も周囲も誰も気にしていませんね（笑）。

1920年までの出来事

タポシ　これから『ＲＲＲ』のエピソードを時系列で並べ直してみま

す。まず、一番古い場面は**パーラクルティ村の長老が死刑になった事件**です。次がラーマの子ども時代の村での暮らしで、父親からゲリラ訓練を受けて育つところ。そしてイギリス人が襲撃して、ラーマの父が死亡する場面です。

山田　実在のアッルーリは8歳頃に父親を亡くしたと言われています。あとでまた出てきますが、後にラーマが武器移送の保安官に任命されたとき、その書類の日付が1921年2月23日になっていて、そのときおじさんが「この15年」〔128分頃〕と言うセリフがあるので、**ラーマが父を撃つ事件は1906年**といえますね。

タポシ　なるほど。その後、子役のラーマがラーム・チャランに成長する期間は省かれていますが（笑）、あとでシータに村の男が「あれから4年」〔73分頃〕と言う場面があるので、ラーマが村を出るのも1921年から4年遡って1917年になるでしょうか。

山田　ええ。その次はデリーで警察官になった**ラーマが1万人と戦う**場面で、それが先述したとおり**1919年4月6日から13日の間**。

タポシ　かたやビームの少年時代の描写はありませんでした。いきなり森でトラを捕まえるシーンから始まります。あのとき「デリーに来て半年」〔22分頃〕と言っています。

山田　ラーマとアクタルの出会いはタイトルロゴにもあるとおり1920年だから、もしデリーの生活を始めてすぐラーマと出会ったとすると、アーディラーバードの森の場面はその半年前、つまり大雑把にいって**マッリの誘拐事件は1919〜1920年**のどこかですね。

タポシ　ラーマとアクタルの出会いの日は特定できるんじゃないですか？　映像ではラーマがラッチュを追って河岸に出たところで、後ろに人々が人間ピラミッドを作っています。あれは**クリシュナ生誕祭のダヒー・ハーンディー**というイベントですよね？

山田　そうです。ちなみにダヒーはヨーグルト、ハーンディーは壺という意味で、クリシュナ神が少年の頃、ダヒー・ハーンディーを盗もうとしたいたずらからきています。

タポシ　クリシュナ生誕祭はヒンドゥー暦で決まっていて、調べてみると1920年は9月6日でした。

山田　そうですか。実は私は当初9月4日と思っていたのでトークでもそう喋ったんですが、あとで調べ直したら、今度は9月5日と6日のふたつの説が出てきました。

タポシ　なんと……（笑）。

山田　ヒンドゥー暦はひとつではなくて、地域や宗派によっていろいろあるんです。加えて、ヒンドゥー暦は天体の動きで時間を決めるので、祭日を西暦の日取りでは固定できません。でも少なくとも当初の4日は間違っていたようです。スミマセン。
　実は修正点はもうひとつあって、それはダヒー・ハーンディーの日。クリシュナ生誕祭当日ではなくて、その翌日でした。

タポシ　アイヨー！（笑）

山田　つまり**1920年9月6日か7日**です。

タポシ　それは**ラーマとアクタルの出会い**が**1920年9月6日か7日**ということですね。♪《**ドースティ**》の冒頭、ラーマとアクタルが人間ピラミッドをよじ登って、上につるしてある土壺を割るところ、あれがまさにダヒー・ハーンディーの本番ですよね。

山田　それでいいと思います。実は私は当初、映像に最初に出てきた人間ピラミッドはまだ練習中でクリシュナ生誕祭より前の日程じゃないかと考えていたんですが、いろんな人から両方は同じ日ではないかと指摘されました。

タポシ　ぼくも、映像を詳しく見ると確実に同じ日だと思います。

山田　そうですか。私もだんだんそう思えてきました。ではそういうことで（笑）。

1921年の11日間とそれ以降

タポシ　次に分かる日時は2月14日です。アクタルがジェニーからパーティーの招待状をもらってラーマの家に戻って来たとき、招待状を見たラーマが「2月14日？ 今日の日付だ」〔53分頃〕と言います。画面右奥の日めくりカレンダーも「14」になっているので、ラーマがちゃんとカレンダーを毎日めくっていたと分かります（笑）。

山田　出会いが1920年9月だったので、ここで2月14日というのは翌年1921年です。

タポシ　そうなんですか？　1922年や1923年という可能性は？

山田　それはないです。なぜなら、モデルとなった人物の空白期間に映画の物語を設定したことになっていて、実在のアッルーリ・シーターラーマ・ラージュの行動は1922年以降は分かっているからです。

タポシ　そうすると♪《**ドースティ**》は、あの1曲で5ヶ月もの、まさしく“かけがえのない宝の日々”を描いているんですね。

この**1921年2月14日**、実に沢山の出来事が起きました。まずラーマとアクタルがバイクの二人乗りで一緒に走っている。次にラーマがジェニーの車をパンクさせる。アクタルはジェニーを市場に連れて行き、そこでマッリが総督邸にいると知り、招待状をもらってラーマの部屋に戻る。そこからジムカーナ・クラブに行って♪《**ナートゥ・ナートゥ**》を踊り、その帰りに総督邸に行ってマッリと再会する。

山田　全部同じ日の出来事だと思いますが、ジェニーがアクタルを連れて総督邸に戻ったとき、字幕は「トーマス ごきげんいかが？」〔64分頃〕なんですが、実は「グッド・モーニング」と言っているのが気になります。でも、この一連の事件が別の日にまたがっていると考えるのは難しいです。

タポシ　どこかで別の日に切り替わっているとしたら、唯一可能性があるのはアクタルがラーマの家に戻って来たときじゃないですか？　市場から直接帰ってきたのではなく、翌日だったとか。

山田　そうも考えてみましたが、私自身インド人と付き合ってきた経験からすると、あの展開で翌日はありえないと思います。インド人が親友というときは、本当に四六時中ベッタリでプライバシーもなにもなく一緒にいるんです（笑）。それからすると、アクタルはジェニーとの出来事を即座にラーマに報告に来たはずです。そしてアクタルは勝手に台所からなにか持ってきて食べますが、あれはお昼ご飯でしょう。

タポシ　どうしてお昼ご飯だと分かるんですか？（笑）

山田　アクタルの手つきがご飯とおかずをまぜる手つきだからです。イドリとかドーサとか、軽食を食べている手つきとは違います。それに、テルグ人は家では基本、昼も夜もコメを食べるんです。

タポシ　それは、さすがにぼくには分からないな（笑）。

山田　だからパーティーは午後。ジェニーがアクタルを誘ったのは午後のお茶の時間っていうことになります。

タポシ　じゃあ「グッド・モーニング」と守衛に言ったのは、彼が居眠りをしていたとか？（笑）

山田　まあ、緻密な物語設計をするラージャマウリ監督なんですけどね。

タポシ　じゃあ、ここは同じ日ということにしときましょう(笑)。

山田　そうなると、タイトルで1920年と出てくるものの、『ＲＲＲ』のストーリーの中心は1921年2月14日から11日間に凝縮されていることになります。

タポシ　ではその11日間をみていきましょう。ジェニーは、2月14日のジムカーナ・クラブのパーティーのあと、アクタルに、「あさってスコット伯父が戻るの」、「ナイト爵を授かった記念に伯母が祝宴を」〔65分頃〕と話すので、祝宴は**2月16日**。それが**ビームの総督邸襲撃**の日で、3人が総督邸に着くのは**夜**「**8時だ**」〔77分頃〕と言っていました。でもあれ、ジェニーがそれを話す英語は通じてないはずだから、どこかから聞きつけたんでしょうね(笑)。

山田　そういえばそうですね(笑)。そしてアクタルはビームに戻って総督邸を襲撃し**逮捕**される。その結果**ラーマは特別捜査官に昇進**。でもシータに手紙を書いて迷いを吐露し……という怒涛の展開になっていきます。

次にハッキリと日付が分かるのは、**2月23日**です。少し前に話題に出ましたが、ラーマが**武器移送の保安官に任命**されたときの書類の日付がこの日です。これは**ビームの鞭打ち刑**があった日でもあります。

タポシ　書類の指令では武器の移送はそれからさらに2日後、つまり**2月25日**の予定でしたよね。それは**ビームの絞首刑の予定日**と同じ。そうなると、**24日**に**ラーマがスコットに進言して刑場をヤムナー河のほとりに変更**させ、マッリをそこへ連れ出すことに同意させたことになります。

山田　そして刑執行日の2月25日、**朝4時**にビームは刑場に向け出発し、**5時**にラーマはスコットとマッリとともに刑場へ。ついに**ビームとマッリは無事逃走**し、**ラーマが捕らえられ投獄**されます。

タポシ　ここまでがさっき言った11日間ですね。

山田　そうです。でもその後は特定できません。

タポシ　いや、1点だけ情報がありますよ。ビームらがハトラスに潜伏しているとき、スコットが「あれから何ヵ月だ？」〔140分頃〕というセリフがありましたし、牢の中にいるラーマの髪がかなり伸びているんで、この次の話は数ヶ月後ってことですよ。

山田　なるほど！　そこは気が付かなかった（笑）。いちおう参考までに、実在のアッルーリ・シーターラーマ・ラージュが東ガーツ山脈で反乱を起こしたのは1922年8月22日なので、『ＲＲＲ』でラーマとビームがすべてを終えて故郷に帰還したのはそれ以前、ということになります。

タポシ　だいじょうぶ！　じゅうぶん時間があります！（笑）　というわけで、映画の時間の流れはだいぶ整理されましたけど、実在のラーマとビームの最期はどうだったんでしょう？

山田　実在のアッルーリ・シーターラーマ・ラージュは1924年、警官に撃たれて亡くなりました。コムラム・ビームがゴーンド人を率いて蜂起したのは1928年です。こちらは長く続きましたが1940年にラーマと同じく警官に撃たれて亡くなりました。ふたりは映画の中では銃でイギリスに勝利しましたが、史実のふたりはまさにその銃で敗れ去ったんです。ラーマは享年26〜27歳、ビームは享年39〜40歳でした。

タポシ　やっぱり若い。

山田　今の私たちよりもずっとね（笑）。

ストーリー年表

?…………………… パーラクルティ村事件
1906……………… ラーマの父ヴェンカタ・ラーマ・ラージュ死去
1917……………… ラーマ、故郷を出発、デリーへ
1919. 4.6〜13… ラーマvs1万人の戦い
1919〜1920…… マッリ誘拐
ビームらデリーへ移動、潜伏
1920. 9.6〜7…… クリシュナ生誕祭のダヒー・ハーンディー
ラーマとアクタルの出会い、少年救出
1921. 2.14……… アクタル、ジェニーと会話・パーティーへ招待
アクタルとラーマがパーティーへ
ビーム、総督邸でマッリと再会
2.16……… 午後8時、ビームの総督邸襲撃、逮捕
?…………… ラーマ、特別捜査官へ昇進
2.23……… ビームの鞭打ち刑
夜、ラーマ保安官任命の知らせ
2.24……… ラーマ、ビーム絞首刑場の変更をスコットに進言
2.25……… 午前4時、ビーム、刑場へ出発
午前5時、ラーマ、スコット、マッリ合流
ビームとマッリ逃走
ラーマ逮捕、投獄
?…………… ビームらハトラス潜伏、シータとの邂逅
?…………………… ビームのラーマ救出、最終戦争で勝利
?…………………… 故郷への帰還（1922.8.21までのどこか）

アッルーリ・シーターラーマ・ラージュ像。アラク渓谷パドマプラムの植物園内で2012年7月に撮影。

2　登場人物

ラーマとビームの人物設計

タポシ　では登場人物の設定についてです。ここでは日本人の観客は見逃してしまうようなことでもインド人の観客には分かるという点を中心に話をしていきます。

山田　まず**ラーマ**からです。ラーマは**上位カーストに属すヒンドゥー教徒**の家の出身という設定になっています。なぜ分かるかというと、登場シーンの1万人との戦い後にサンドバックをボコボコ打っているシーンで、左肩から右脇にかけて白い紐、聖紐を身に付けているからです。聖紐は白い綿糸をまとめて捩った紐なんですが、一般的に上位カーストの男性が身につけ、日常でも外さないのが伝統です。

タポシ　聖紐、ほかの映画でも見かけますね。

山田　古代文献では、ヒンドゥー教の儀礼的身分秩序であるヴァルナ制の中の上位3ヴァルナ、つまりバラモン、クシャトリヤ、ヴァイシャの男性の理想的な生き方として、人生を4つの時期に分ける四住期というのが提唱されています。聖紐は最初の学生期に入る際、入門式という儀礼で初めて身につけます。その男子が正式なヴァルナのメンバーとして学んでいる、または学んだ、という証拠です。

タポシ　四住期についてはぼくもむかしヨーガの道場で教えてもらいました。学生期ではバラモンの師の下で聖典ヴェーダを勉強し、次の家住期では家庭を営んで祭式を行い、その次の林住期では家庭を捨てて森林に隠遁して修行を行い、最後の遊行期では乞食遊行して生涯を終える、それが理想なのだと。

山田　むかしの話です。現在は入門もなにもないです。でも結婚式の前に聖紐を付ける儀礼をやる場合もあって、その場合は結婚とはつまり家住期のはじまりだから、その前に学生期があったことにしておこうという感じです。結婚式のあと、外しちゃう人は多いし、私の知り合いのバラモンも寺院参拝のときだけあわてて身につけていました。それも路上で売られているのを買って（笑）。

タポシ　それにしても、これをつけていれば上位カーストだと判るということは、ラーマもそのような生まれなんだよと、ラージャマウリ監督はわざわざ見せたわけですよね？

山田　もちろんです。ほかにも、ちょっと細かいですがテルグ人だったらピンとくることがあって、それはおじさんのヴェンカテーシュワルルの名前、最後が「ルル」ってなっているところで、テルグ人の上位カーストの名前にときどきあるんです。

タポシ　そうなんですね。では**ビーム**の人物設定はどうなっていますか？

山田　登場シーンでラーマ同様上半身の裸が映りますが、そのときパンツ的なものしか身に付けていないですよね。つまり聖紐はないです。

タポシ　あれはランゴータ、つまりインドのふんどしみたいなものですね。

山田　ただ、アーディラーバードの森の場面でマッリら**ゴーンド**の人たちが映るときには、みんなが額に印を付けています。そこから、作中のゴーンドは少なくとも**ヒンドゥー教徒**という設定なのだと分かります。

タポシ　聖紐がないなら低いヴァルナに属しているということですか？

山田　低いというより、ヴァルナ制度に押し込めることができない、**ヒンドゥー教的な身分秩序から逸脱した人々**という設定なんだろうと思います。『ＲＲＲ』全体を通して共同体の強い絆を強調しているところが、あたかも身分制がない平等社会みたいな描き方をしているように見えます。

タポシ　トライブのことをイギリス人が“遅れ”ている人たちだと見なしたという話がありましたが、テルグ人はそう見なかったんですか？

山田　現実世界ではそういう印象を持っていますが、同時にロマンチックなイメージも持っていて、テルグ語映画でヒーローとヒロインがお色気ダンスを踊る場面で、なぜか突然背景が森になってトライブの衣装を着たバックダンサーが出てきたりします（笑）。

タポシ　それ、あるあるです（笑）。

ラーマとビームを取り巻く人々

山田　次は**シータ**です。さっきも出てきましたが、シータは実在のラーマの亡くなった恋人と同じ名前です。史実ではラーマとシータは親戚ではないんですが、『ＲＲＲ』ではセリフの親族名称から、ふたりが**交叉イトコ**の関係という設定だと分かります。

タポシ　交叉イトコは南インド映画ではよく出てきますよね。性の違う兄弟姉妹の子ども同士。交叉イトコ婚は南インドでは伝統的に理想的な縁組みとされているそうですが、『バーフバリ』シリーズや『マガディーラ 勇者転生』（テルグ語，2009）でも交叉イトコの話が出て来ます。

山田　南インドでは交叉イトコの関係にある子どもがいれば、周囲はふたりが将来当然結婚するものとして扱いがちで、本人同士もその気になって育ったりします。

タポシ　だから『ＲＲＲ』でも、シータがラーマの嫁になるのが当たり前みたいに振舞っているんですね。ラーマがシータにペンダントを渡すのも、実際にああいう許婚の印みたいなのがあるんですか？

山田　いや、あれはむしろ結婚の首飾り、マンガラスートラを模していると思います。ただマンガラスートラは新郎が新婦の首に結ぶので、新婦が身につけていても男性にはなにもないんです。『ＲＲＲ』ではふたりがひとつのペンダントを分け合うので、対等な関係という雰囲気を演出していると思います。

タポシ　そこは、ラージャマウリ監督らしいですね。

山田　そういえば、ラーマとアクタルが出会って橋の下でがっちり腕を掴み合ったとき、ラーマの手首からあのペンダントがポロっと垂れ下がるんですよ。つまりふたりが出会ったとき、そこには最初からシータもいたことになっているんですよ。

タポシ　おぉ、なに気にロマンチックですねぇ。聖紐やペンダントといえばもうひとつ、ラッチュとビームが首からかけている「契り紐」〔78分頃〕が出てきます。インドではラクシャー・バンダン（Raksha Bandhan）とかラーキー（Rakhi）という、仲良し同士が手首に巻く紐があって、互いに「お守り」（raksha）になることを誓い合った親友の証。紐で結ぶというモノ自体、誓いや運命的結びつきを連想させる小物なんでしょう。日本にも“赤い糸”とかありますし。

山田　「契り紐」はテルグ語のセリフでは「ラクシャタードゥ」と発音していて、直訳すると「お守り紐」です。黒くて太くて、ちょっと見慣れない形状なので、本当にそういうものがあるのか調べてみたんですが、分かりませんでした。

タポシ　じゃあ、あれはフィクション？

山田　かもしれません。

タポシ　そのほかの登場人物はどうですか？

山田　**ラーマの父親、ヴェンカタ・ラーマ・ラージュ**は実在のアッルーリ・シーターラーマ・ラージュの父の名前と同じです。『ＲＲＲ』では「師匠」とも呼ばれています。母親の**サロージニ**の名前は史実とは違うフィクションで、サロージニ・ナーイドゥ (Sarojini Naidu, 1879-1949) というテルグ地域にゆかりのある有名な女性民族運動家から採られました。

タポシ　おじさんの**ヴェンカテーシュワルル**は？

山田　実在のおじさんとは違う名前ですが、でも実在のアッルーリ・シーターラーマ・ラージュは父を亡くした後おじさんの養育を受けたので、『ＲＲＲ』でラーマがおじさんと親しいという設定は史実と合っています。描写からは、ヴェンカタ・ラーマ・ラージュの実弟かなと推測します。

タポシ　ビームの方は両親や親戚とか、誰も出てきませんけど、**マッリ**はビームを「兄さん」〔68分頃〕と呼んでいます。

山田　あれは日本語で「隣のお兄ちゃん」とか呼ぶようなもので、実の兄妹ではないです。ゴーンドの中で血縁関係が分かるのはマッリと母親の**ロキ**だけです。ビームの描き方はラーマとは対照的です。さっきも触れましたが、ラージャマウリ監督はゴーンドの共同体としての絆の強さを強調していて、そのためにあえて血のつながった家族を登場させなかったのかもしれません。

タポシ　その代わりなのか、共同体の絆を強調するためなのか——ラーマにはビーム以外の友人は出てこないですけど——ビームには3人の親友、**ペッダイヤ**と**ジャング**と**ラッチュ**が登場します。ジャングは冒頭の場面でロキの隣にいて、エドワードが投げたお金を「もらっとけ」〔4分頃〕とか言っていたので家族か近親者の感じなんですが、でもそのすぐあとに「お前の娘は買われた」とか他人事のように言っているので、まさかロキの夫ではないですよね？

山田　あの口のきき方からすると、ロキの兄かおじさんかなと思いますが、憶測です。残りのふたりですが、ペッダイヤはテルグ語で「**長老**」という意味で、個人名ではありません。ただエンドロールと脚本に役名が「チーマ」って書かれていて、本当は個人名があったみたいです。

タポシ　名前があったんですね！

山田　『ＲＲＲ』はインド映画にしては登場人物が少なくて、ちゃんと名前が分かる役柄も少ないです。セリフがあるのに名前がない登場人物は結構いて、**シータのおじさん**もそのひとりです。彼女が河岸でラーマの帰りを待っていたとき、村の男たちがやって来て、その中のひとりが「ラーマから便りは？」〔73分頃〕と聞くと、字幕では「ないわ」だけですが、テルグ語では「ないわ、おじさん」と言っています。日本語吹替版ではちゃんと「おじさん」まで言っていました。

タポシ　ところで、スコットについてはなにかありますか？

山田　『ＲＲＲ』では**スコット・バクストン**という名前ですが、たんにスコットというと、インド人には思い当たるであろう人物が、私の知る範囲でも最低ふたりいます。ひとりは実在のアッルーリ・シーターラーマ・ラージュが対決した警察官のひとり、スコット・カワード。もうひとりは実在の革命家バガト・シン（Bhagat Singh, 1907-1931）が暗殺を試みて未遂に終わった相手の名前がやはりスコットでした。

タポシ　バガト・シンはエンディングの♪**《エッタラ・ジェンダ》**に出てくるパンジャーブ人の「雄牛」ですね。

山田　そうです。ラーマと同様インドの解放を信じて戦い、若くして亡くなりました。もしかすると監督は『ＲＲＲ』の中でスコットを殺すことで、アッルーリ・シーターラーマ・ラージュとバガト・シンの仇を取ろうとしたのかもしれませんよ。というか、偶然にも仇を取ったように見えて面白いです。

タポシ　なるほど。もうほかにはいませんか？

山田　あとは**エドワード**かな。反英政治集会のときにひとことだけ、当時のイギリス王ジョージ5世の名前が出てきますが、その王子が後のエドワード8世ですね。でもここまでくるとたんなる偶然かもしれません。**キャサリン**、**ジェニー**、**ロバート**、**ジェイク**……、実在の人物から取られた名前なのかもしれませんが、まだリサーチ不足で、私が把握している範囲はここまでです。

テランガーナ州アーディラーバード県クンターラ村で撮影されたコムラム・ビーム像。
komaram bheem statuette at kuntala（6 August 2011）©రహ్మానుద్దీన్
https://en.wikipedia.org/wiki/File:Komaram_bheem_statuette_at_kuntala.jpg

第 4 章

植民地支配への「怒り」

1　植民地支配の表象

支配と略奪

タポシ　ここからは、『RRR』のテルグ語の副題「怒り 戦い 血」という3つのキーワードに沿って見ていきます。最初のキーワードは「怒り」です。「怒り」とはイギリス支配に対してですが、あの激しいアクションに釣り合うほどの「怒り」がピンと来なかった観客もいたようです。イギリス人を誇張して悪く描いている、イギリス人が見たらどう思うんだろう、それこそ怒り心頭なんじゃないか、そんな感想も目にしました。

山田　はぁ、そっちの「怒り」もあると。どうしてインド人がイギリス人をあんな風に描いたのかを考える前に、まずイギリス人の顔色をうかがう日本人の感覚が心配になります。私の見落としもあるとは思いますが、英語圏の映画評を見る限り、そこを問題にした評者は、ほぼいなかったような気がします。

タポシ　ぼくも同感です。日本もイギリスと同じ帝国主義を推し進めた時期があったので、大英帝国に向けられた怒りや批判が、かつての日本にも向けられていると感じてしまうのかもしれません。他方アメリカ在住の、インド系でもない観客が『RRR』を反植民地主義の映画として見ているという記事もありました。

ともあれ、日本人でもインドの「怒り」がしっかり分かるように描かれていると思うので、そこを確認していきたいです。

山田　はい。「怒り」の理由は、冒頭の森の場面でほぼ説明し尽くされています。まずマッリを見つめる総督夫人キャサリンの顔がアップになったとき、首と耳たぶに大きな真珠のアクセサリーをつけている姿がそれです。

タポシ　たしかにやたら目立っていましたが、真珠は日本人には身近だし、それにキャサリンもマッリも微笑んでいるので、なにやら和やかな雰囲気さえ漂っていますよね。

山田　あの場合は支配と略奪という植民地権力の性格を表しています。もともと真珠は南インドで採れる貴重な奢侈品で、大航海時代以降ヨーロッパ人には憧れの商品として大変珍重されました。大きなものほど権力や財力の大きさを表すので、インド人のマハラジャらも肖像画や写真を見ると頻繁に身につけています。『ＲＲＲ』ではニザーム藩王国の顧問も身に付けていました。キャサリンはそれよりもっと大きなもの、つまりインドの富を偉そうに身につけているんです。

タポシ　するとキャサリンの真珠を見たとたん、インド人の観客は不穏な気持ちに？

山田　まぁ少なくとも良い光景だとは感じないと思います。このあとキャサリンが真珠を外している場面もありますが、ラストシーンで血を流して死ぬ場面では身につけています。つまりイギリスの植民地支配、その権力が敗北したことを表すシーンにも、ちゃんと象徴的な真珠が映り込んでいるんです。

タポシ　真珠が支配と略奪の象徴とすると、ほかのイギリス人女性も身につけていましたっけ？

山田　**♪《ナートゥ・ナートゥ》**を踊るパーティーの場面に貴婦人たちがいますが、よく見ると結構していますよ。

タポシ　ジェニーも？

山田　もちろん。ジェニーは必ず身につけています。ただペンダントとイヤリングに数個とかドレスのフリンジとか、どれも慎ましやかで一見目立ちません。面白いのは、ラストシーンで彼女がビームと抱き合う場面では、真珠ともそうではないとも見えるネックレスをつけていて、白ではなく茶色いんですよ。彼女がイギリス人の側からインド人の側へ来たことを象徴しているように見えました。

タポシ　細かい！　衣装デザインはラージャマウリ監督の奥さん、ラマー・ラージャマウリさんですが、そこまで意識していたら凄い演出ですね。でも無意識なのかな？

山田　いやいや、無意識にやっていたならそれこそ凄すぎます。白い真珠はインド人側に合流したジェニーを飾るにはふさわしくないと無意識に感じられたということなんだから。

タポシ　ではその次に「怒り」につながる表現は？

山田　次にスコットが馬に乗って狩猟から戻って来ますが、狩猟は文字どおり略奪ですね。

タポシ　たしかに。真珠が海の資源の略奪だとすると、狩猟は森の資源の略奪。

山田　スコットが広場に到着すると、そこには鹿やガゼルの死体が山と集められています。演出として大袈裟に見えるかもしれませんが、あとで総督邸の廊下が映る場面で、壁に立派な角のある鹿の頭がいくつも飾られていました。

タポシ　ありましたね。獲物を剝製にして飾っていたという、これまた細かい演出ですね。

山田　だから、ビームが総督邸を襲撃するときにいろんな猛獣が檻から飛び出して来る場面は、森の動物たちの逆襲とも読み取れるんです。

タポシ　それがシカもトラと同じ檻から出てくる理由だ。同じ被害者仲間だから（笑）。

山田　私は最初、ちょっとシカはないだろうと思ったんですが、あとでよくよく考えていくと結構深いなと（笑）。もう今ではトラもシカも「怒」っていると分かったので、動物が飛び出た瞬間に「行け行けー！」ってビームそっちのけでシカを応援できます（笑）。

タポシ　でもぼくの動物好きな友人は、最初のトラを捕まえるシーンと、この動物大逆襲のシーンが耐えられなくて途中で映画館を出ちゃったんで、この話を踏まえてもう一度ここを観てくれないかな（笑）。

山田　真面目な話、現在のインドの環境問題の起源をイギリス統治時代の開発や資源乱獲に求める学術的な研究もあるんです。

タポシ　ということは、当時こんな乱獲みたいな狩猟が実際に行われていたんですね？

山田　行われていたどころか、史実としては、総督はゾウの背中に乗ってトラやヒョウなどの動物狩りを楽しみました。特に猛獣を征服した武勇の証は、記念写真に撮られて残りました。今でも写真集などで見ることができます。

私の手元には、カーゾン総督がまさにアーディラーバード地方の近くで夫人とトラ狩りをしたときの写真があります。また別の写真では、無名のイギリス人が沢山のガゼルの頭部を積み上げた山の前で自慢げに寝そべっています。[13)]

タポシ　ではマッリの誘拐は？　あんな人さらいのようなことは本当にあったんですか？

山田　あれは人間も野生動物と同じように狩られることの比喩になっていると思います。史実としては、イギリスは森からトライブを追い出したあと、森林伐採や道路建設に動員して労働を強いました。マッリの場合は道路建設ではなく、貴婦人のサロンで芸を見せるために連れて来られた奴隷ですが。

タポシ　つまり、マッリの誘拐も略奪であると。

人種差別と虐殺

山田　次に描かれるのは人種差別です。スコットの「銃弾の価値」、「英国の工場で 英国の金属を用い 7つの海を渡った」〔5分頃〕というセリフ。インド人の命よりも1発の銃弾の方に価値がある、という差別発言です。

タポシ　ここは誰にでも伝わったでしょう。

山田　ただこれにもトリビアがあって、あの銃弾はイギリス製でなかった可能性があるんです。

タポシ　えぇぇ、スコット大嘘つきじゃないですか（笑）。

山田　実は銃弾も銃も、その材料の鉱物資源はインドでも産出したんです。もちろんイギリスでも産出しましたけど。イギリスは18世紀末以降インドに火薬工場を建てていて、武器も製造していたようなんです。正確なことは専門家にきかないと分かりませんが、重たい武器をイギリスからインドへ船で輸送するのは大変だから、インドではインド製の武器を使った可能性は高いんじゃないかと思います。

タポシ　もしそうなら、インドの資源で作った武器でインド人を脅し、場合によっては殺していたんですね。そっちの方が酷い。メラメラ「怒り」が沸いてきます。

山田　だからエンディングの♪《**エッタラ・ジェンダ**》で「ウルムウ

ルム」、つまり「メラメラ」って歌うんですよ（笑）。

タポシ　あれ、「メラメラ」でいいんですか？

山田　いや、稲妻とかの「ゴロゴロ」の方が近いかな（笑）。

タポシ　ほかにもスコットの「褐色人ごときに」〔5分頃〕とか、ジェイクの「褐色の虫けらども」〔56分頃〕というセリフは、肌の色による差別発言ですよね。インド人は芸術を理解しない、つまり西欧の芸術やダンスだけを芸術と言っているところもそうです。

山田　実はそれにもツッコミどころがあって、フラメンコはロマ（ジプシー）起源で、ロマはインドから来たという説があるんですけどね。

タポシ　じゃぁ、それ今度ジェイクに会ったら教えてあげなくちゃ（笑）。

山田　マッリがさらわれたあと、ラーマの登場シーンへとつながって、これがアムリトサル虐殺事件のイメージへと連続していきます。「怒り」の理由はだいたいここまで。この先は、ジャングが総督邸に入ろうとして身分証を見せられなくて殴られるとか、ラーマの故郷が襲撃されて村人が殺されるとか、いろいろとエピソードが追加されますが、どれも最初に描かれる「略奪」「差別」「虐殺」といったキーワードで説明できると思います。

角の表象

タポシ　ところでラージャマウリ監督は、なぜ史実そのままに、総督がゾウに乗ってトラ狩りしたとか、インドの資源で作った銃でインド人を支配したとか、そういう話にしなかったんでしょうね。その方がより「怒り」を感じられるし、なによりも事実だったわけでしょう？

山田　推測ですが、トラに関してはふたつ理由があったと思います。ひとつは、トラをビームのイメージにだけ結び付けたかったのではないかということ。ふたつ目は、インド人には動物の角はとにかく"強者"というイメージがあって、シカ狩りがトラ狩りより残虐じゃないなどとは思わなかったのではないかということ。『バーフバリ 伝説誕生』で、マヒシュマティ王国が三叉戦法を始めるとき、陣地の先端に配置されたのは、ガゼルの頭部の像に見えました。

タポシ　ああ、ありましたね。そういえば、『マガディーラ 勇者転生』でも悪役が被っていたのは動物の角だったかと。そうなると、シカを見て草食動物だから肉食動物よりも弱いとばかり思ってしまうのは日本人だけなのかな。

山田　少なくともインド人には草食、つまり菜食が肉食よりも劣るとか弱いという考えはないでしょう。ゾウも草食だし、ヒンドゥー教の序列では菜食が肉食よりも上です。だからきっと、菜食動物で角があれば最強なんですよ（笑）。総督邸襲撃のときも、大きな角のシカがロバートをやっつける場面があって、そのおかげでビームは屋敷の鍵を手に入れますよね。

タポシ　なるほど。思い出してみると、『ムトゥ 踊るマハラジャ』（タミル語, 1995）では悪役の自家用車のボンネットに大きな角がついていました。あの角は雄牛（水牛）のじゃないですかね？

山田　まさに**♪《エッタラ・ジェンダ》**で使われる英雄の比喩は「雄牛」ですからね。

タポシ　動物のイメージがこんなにも違うとはおもしろい。ではもうひとつの話で、銃がインド製だったかもしれないという点はどうですか？

山田　もしかすると監督は知らなかったのか、あるいは本当に当時イギリス製の銃を使っていたのかも知れません。

ただ、私のようにイギリスがインドになにをしたのかを日々考えている身からすると、『ＲＲＲ』は全体的にイギリスの非道ぶりの表現が生ぬるいという印象を受けます。でもこれは製作側がイギリスに忖度したとかではなく、今のインド人には植民地支配の記憶がそれだけ遠くなっているからなのではないかと思います。

タポシ　表現が生ぬるいとはいえ、映像を読み解けば、植民地支配によるインドに対する略奪、差別、虐殺が描かれていることがよく分かります。だからこそ、ラーマとアクタルが踊る♪《**ナートゥ・ナートゥ**》には、インド人の自尊心、そして自分たちには独自の力強い文化があるんだという感情の爆発があって、そこが一層感動を呼び起こしているわけなんですよね。しかも暴力ではない手法でイギリス人男性たちの鼻っ柱を折り、イギリス人女性たちをその虜にしてしまうんですからね。歌と踊りでは負けないぞ！　というインド人の気概と矜持さえ感じられて見事だと思います。

---

13)　Vidya Dehejia, *India Through the Lens, Photography 1840-1911*, Freer Gallery of Art and Arthur M. Sackler Gallery, Smithsonian Institution, Washington, D.C., 2006, pp. 242~245.

2　反植民地主義の描写

山田　今までずっとイギリス、正確には植民地統治のことを悪く言ってきましたが、いちおうここで断っておかなければならないことがふたつあります。ひとつは、イギリス人が心底インド人を痛めつけてやろうと思ってばかりいたと言い切るのは一面的過ぎるということです。

もちろんそういう人もいたでしょうが、逆にイギリス統治がインドに先進的な科学技術や文化、つまり“恩恵”をもたらす福音だと本気で信じた“善意”のイギリス人も多くいたんです。こういう、イギリスが進歩の梯子の上から“遅れ”たインドを引き上げてやるという考え方は、一般に“文明化の使命”といわれます。

タポシ　善意ではあってもインドを“遅れ”ていると見下しているのだから、差別ですよね。

山田　そうです。“文明化の使命”は批判の対象でしかありません。ただ、良かれと信じて行動していたというところは、ちょっと意識してもいいかなと思います。それで情状酌量できるというのではなくて、むしろ逆に、人はいつも異文化を寛容に許容できるわけではなくて、文化相対主義は常識ではないことを忘れないために。

タポシ　では、ふたつ目は？

山田　ふたつ目は、そんな“文明化の使命”をイギリス人すべてが負っていたわけではなく、そこから逸脱した人々もいたことです。

タポシ　それは分かります。**♪《ナートゥ・ナートゥ》**の背後にはノリノリで踊っている貴婦人たちがいたし、まさにジェニーはその代表ですよね。アクタルに好意をもったりするんだから。

山田　ええ。彼女は総督邸を「そんなにいい所でもないわ」〔48分頃〕とか「家らしくない」と言ったり、終盤にはビームに警察の兵舎の配置図を渡しちゃったりしますよね。おじでもある自国の総督を裏切るわけです。しかもラスト、インド人の側に合流したわけですよね。どういう経緯だったか、途中の話は省かれていますが。

タポシ　つまり『ＲＲＲ』で描かれているのは、イギリスvsインドという単純な二項対立ではない。

山田　イギリスという国家やイギリス人が敵なのではなく、あくまで植民地支配というものを敵として描いていると思います。

タポシ　でも観客の多くはイギリスvsインドと捉えてしまうでしょうね。ぼくたちは普段から、特定の国や民族を十把一絡げで悪者にしがちですから。

山田　だとすると、ここでインド人の中にも対イギリス協力者がいて、それも描かれていることを確認しておく必要がありますね。

タポシ　エドワードのインド人通訳や藩王ニザームのことですね。

山田　ほかにも沢山います。例えばラーマvs1万人の場面でのインド人の警官たち。イギリス人と一緒にフェンスの内側にいます。またキャサリンが自分のサロンでマッリに歌を歌わせているとき、そこにはサリーを着たインド人女性がイギリス人の貴婦人たちと一緒に談笑しています。

タポシ　総督邸襲撃のところでも動物を見て驚くキャサリンの背後にインド人の招待客が映っていました。

山田　つまりイギリス統治はインド人をふたつに分断して対立させたんです。民族主義者と対英協力者に。いわゆる“分割統治”です。

タポシ　でも前の話だと、政府組織の末端のインド人でも、ラーマのように内心は反英的だった人たちも大勢いたという話がありましたが。

山田　もちろん、そういう人たちは沢山いました。なぜかというと、ラーマの場合は意図的な潜伏ですが、一般的に当時英語教育を受けたエリート子弟にとって、植民地政府は今でいうところの公務員、つまり優良な就職先だったからです。その恵まれた職と地位を捨てるには大きな勇気と決心、周囲の理解がなければとても難しかったんです。民族運動に身を投じようとする青年を、親たちが嘆き悲しんで引き留めようとした話は沢山あります。

タポシ　そうすると、民族運動に共感しながらもイギリス人の手先でとどまったインド人たちは、意に反して同胞に対して銃を向けなければならなかったんだ。ラーマがビームを拷問したように。

山田　そう。ラーマとビームはその後仲直りしますが、史実は逆で、イギリスの分割統治は修復不可能な結果をもたらしました。なぜならそれが最終的に1947年のインド・パキスタン分離独立に帰結したので。インドとパキスタンは今も戦争中です。

タポシ　パキスタンの建国を主導したムスリム連盟は親英派だったんですよね。

山田　ただ、ムスリム連盟がパキスタン建国に至ったのは、実はガンディーら国民会議派が彼らを分離へと追い詰めたからなのだとする見方もあります。それに、ムスリム連盟には彼らなりの、国民会議派とは違う理想の国家像がありました。だから分離独立を喜ぶ立場もあります。でも、植民地統治がなければ仲良く暮らしたかもしれない同胞同士が、命を犠牲にしてまで敵対しなければならなかったことは事実です。

タポシ　その同胞の痛みがどんなにつらいものだったかは、『ＲＲＲ』

前半の最後のラーマとビームの戦いに描かれていますよね。1万人と戦ってもイギリス人と同じような昇進は叶わなかったラーマは、同胞であるビームを死闘の末に逮捕することで、やっと念願の特別捜査官に任命されましたが、ああいうことは実際にあったんですか？

山田　あれはフィクションですね。なにせ人種差別が当然視されていたので、一定以上の昇進はムリでした。1920年だとごくわずかに上級のポストに就いた例はあったみたいですが、それもかなり例外的です。

タポシ　キャサリンが勝手に昇進を約束したからラーマが特別捜査官になれたわけですが、あんなふうに総督夫人が勝手に振る舞うなんてできないですよね？

山田　できなかったんじゃないですかね。ただ、イギリス人の下で働くインド人にとって夫人は身近な存在でもありました。それは、もっぱら夫の権威を笠に着て威張り散らす悪いイメージです。彼女たちは、インド人から女主人を意味する「メムサーヒブ」（memsahib）と呼ばれました。キャサリンの描き方はメムサーヒブのイメージにあっていると思います。

タポシ　ジェニーがアクタルに「“マダム”はやめて」〔48分頃〕と言うところ、どう聴いても「マダム」って聞こえなかったんですが、あれは「メムサーヒブ」って言ってたんですね。

山田　そうです。アクタルの立場からすれば、ジェニーみたいに「心の優しそうな人」〔30分頃〕であっても、イギリス人女性というだけでメムサーヒブなんです。

タポシ　ぼくの場合はマッリの誘拐と「銃弾の価値」だけでも「怒り」を感じるのにじゅうぶんでしたけど、歴史を知るともっと「怒り」を感じるどころか、それをとおり越して、『ＲＲＲ』が多くを省いたことを残念にも感じます。

山田　だから、結局みんな「ウルムウルム」になるでしょう？（笑）

タポシ　みんなで写真撮るときとか、あのポーズしてムルムル言っていましたけど、ちょっと意味が違ったかも（笑）。

第 5 章

叙事詩に なぞらえた ふたつの「戦い」

1　伏線

タポシ　次は第2のキーワード、「戦い」です。『RRR』の前半と後半のそれぞれのクライマックスは激しい戦闘シーンですが、それらが二大叙事詩『マハーバーラタ』と『ラーマーヤナ』の最後に描かれる大戦争になぞらえられていることは比較的知られています。そこで、最初に叙事詩のあらすじを説明しようと思いましたが、きっと読み飛ばされちゃうと思うので（笑）、途中で適宜あらすじを挿入していくことにします。

山田　そうしましょう。では『RRR』の時間軸に沿って見ていくと、まず伏線が敷かれます。最初は♪《**ドースティ**》の中での歌詞、「この手は命を救うのか それとも奪うのか」〔40分頃〕など、ふたりが避けられない対決へと向かっていくことが暗示されます。この対決でイメージされているのは『マハーバーラタ』の戦争です。それではここでストーリーの頭出しをどうぞ。

タポシ　はい。『マハーバーラタ』は「偉大なるバーラタ族」という意味で、同じバーラタ族の中のふたつの家族が互いに争う物語です。主役はパーンダヴァ家の5人の王子で善玉。対する悪玉は百王子とも呼ばれるカウラヴァ家一族。ふたつの家族は近しい親戚で、ともに育った仲ですが、いずれ悲劇的な対決が待ち受けている、またそれが避けられない運命だと分かっています。すべての出来事が戦争に向かって進行し、やがて戦争にいたる、という物語です。

山田　『マハーバーラタ』の戦争は世界の終わりの戦争です。この叙事詩はとても哲学的で、それゆえ近代以降欧米でも多くの知識人や文人、芸術家らに愛好されました。

タポシ　同じ♪《**ドースティ**》の中には、もうひとつの叙事詩『ラーマーヤナ』の伏線もありますよね。ラーマがシータのペンダントを見ていると、アクタルがやって来て「ラーマ王子とシータ姫か」〔43分頃〕と冷やかすところ。

山田　そうです。『ラーマーヤナ』はインド人には『マハーバーラタ』よりも圧倒的に人気ですね。ではここで、『ラーマーヤナ』のストーリーの頭出しをどうぞ。

タポシ　『ラーマーヤナ』は「ラーマ王子の物語」という意味で、主役はラーマ王子と妻シーター姫です。ラーマ王子は徳が高くて王たるべき完璧な主人公なんですが、親族の計略によって王位継承権を奪われ、王国からも追放されてしまいます。そして森の中に入り、妻シーターと弟ラクシュマナの3人で生活をはじめる、というところから物語が大きく動き出します。

山田　弟ラクシュマナは兄ラーマ王子をものすごく敬愛していています。♪**《ドースティ》**中の寸劇でペンダントが出てくる場面、アクタルが「ラーマ」〔43分頃〕と呼びかけるところは、原語では「バイヤー」つまり「兄貴」と呼びかけています。続けて「恋人か？」と尋ねるところ、原語では「バービーがくれたのか？」と言っていて、「バービー」は「義姉」です。つまりアクタルが「ラーマ王子とシータ姫か」と言ったとき、アクタルは自分をラーマ王子の弟ラクシュマナに見立てたことになるんです。

タポシ　おぉ、アクタルは最初から自分をラクシュマナに？

山田　♪**《ドースティ》**では実はこれよりも先に、大皿に盛られたビリヤーニーをみんなで食べるシーン、アクタルのセリフで「どうした？」〔41分頃〕と字幕で出るところ、原語は「何だい 兄貴？」と言っているので、このときに兄弟関係に見立てたということだけは分かるんですが。

タポシ　ホント、原語にあたると理解が深まりますね。ほかにも「戦い」の伏線はありますか？

山田　**♪《ナートゥ・ナートゥ》**にあります。ここでは『マハーバーラタ』の戦争のイメージが2回念押しされます。最初はダンスの終盤で、いつの間にかラーマとアクタルが向かい合ってダンスバトルになっていくシーン。次はダンスが終わって帰るところ、ラーマが「なぜこうなるまで踊った？」〔62分頃〕と尋ねると、アクタルが「なぜかな 兄貴に挑発されて 歯止めが利かなくなった」と答えるところです。どちらもふたりが運命的な対決に向かっていくことが暗示されています。

タポシ　**♪《ドースティ》**も**♪《ナートゥ・ナートゥ》**も熱い友情を歌った曲ですけど、それと同時に来たるべき対決の伏線にもなっていることは、日本人でも歌詞をそのまま聴けば分かりますけど……。

山田　ま、そうですね。ただインドの観客はこういった伏線が叙事詩から来ていると分かっているので、これからどんな対決がどう描かれるのかと、ワクワクしながら展開を見守っていくんです。

2　第1戦争:ラーマvsビーム@総督邸

タポシ　さぁ、「戦い」はここからが本番です。

山田　最初の叙事詩的な「戦い」は、総督邸襲撃が始まったとき、そこへラーマが4頭の白馬に牽かれた馬車に乗って現れる場面から始まります。4頭の白馬は『マハーバーラタ』のパーンダヴァ五兄弟の中で一番のヒーロー――生まれた順番としては三男なんですが――アルジュナが戦争に向かっていく姿です（P.4参照）。

タポシ　ラーマがアルジュナを模していると、インド人には本当にすぐ分かるんですか？

山田　それはもちろん。とても有名な場面で、今でもポスターや挿絵、カレンダーの絵、いろんな神様グッズ、民芸品にもあるくらい、日常的によく見かける絵面です。ではここで、ストーリーの続きをお願いします。

タポシ　はい。アルジュナにはヴィシュヌ神の化身、クリシュナ神が寄り添い、アルジュナの馬車をひく御者になります。でも『ＲＲＲ』では4頭の白馬の馬車には御者がおらず、ラーマが自分で手綱を持っていますね。

山田　それを理解するには、アルジュナとクリシュナ神の間に起こったことを知らなければなりません。物語の先をお願いします。

タポシ　ではこれからまさに開戦というところから。パーンダヴァ家とカウラヴァ家は、互いに遠く離れて陣を構えます。アルジュナは、向こう側の敵陣に親しい身内や尊敬する師、思い出深い人々がいるのを見て悲しみに暮れます。愛する人たちをどうして殺せるだろうか、そんなことをするくらいなら自分は負けてかまわない、戦わずに殺される方がましだと嘆きます。するとクリシュナ神が説教をはじめます。このくだりが有名な『バガヴァッド・ギーター』（以下、『ギーター』）——直訳すると「神の歌」です。

山田　『ＲＲＲ』では『ギーター』の具体的な文言は、ラーマが獄中にいる場面で出てきます。ちょっと先の場面になってしまいますが、必要なのでここで引用すると、字幕では「責務とは行為にある その結果にあらず 行為の結果を動機とせず 結果に執着するな」[14]〔142分頃〕です。

タポシ　これはインドではもちろん、インド哲学を少しでもかじれば必ず出くわす有名な一節ですよね。カルマ・ヨーガの真髄としても言い伝えられているので、私のインド人のヨーガの先生もそらんじていました。

個人的には何度も出てくる「装填 狙え 撃て」〔97分頃〕というセリフでも象徴的に表されていると思います。「装填」のLoadは、役割や責任を背負い込むという意味もあるから、「自らの責務を受け容れ、目的を定め、行動せよ！」という意味の言い換えなっていて見事だなと思います。

山田　ええと、『ギーター』は原爆の開発者オッペンハイマー（J Robert Oppenheimer, 1904-67）も引用したんですけどね。別の一節でしたが。

タポシ　1965年にNBCが製作したドキュメンタリー番組で、最初の核実験のようすを思い返し、「我は死なり 世界の破壊者なり」という一節を涙ぐみながら引用していますね。

山田　ノーベル経済学賞を受賞したアマルティヤ・センは『議論好きなインド人』（明石書店，2008年）の中で『ギーター』に反論しています。つまり、インド人の誰もがクリシュナ神の言葉に賛同するとは限らないし、またこれを批判する自由も論理もインド思想の中にはある、ということだけはいちおう断っておきますが、ここで私にとって一番興味深いことは、そもそもアルジュナを奮い立たせて「戦い」に向かわせるのに、深遠な哲学が必要とされた、という点です。

タポシ　それは、何か憎しみの感情を煽り立てるような言葉、アジ演説や戦闘的な勇ましい言葉ではなくてという意味ですか？

山田　そうです。憎しみや復讐心などといった感情ではなく、人間はどう生きるべきか、人間とは、世界とは、人間と世界の関係は何か、そういう哲学こそが人を動かすという発想です。

　加えてもうひとつ面白い点は、この一節は『ギーター』の中の比較的はじめの方に出てきて、ここからクリシュナ神の説教は延々続くんです。つまりあの一節は終わりや結論ではなくて、始まりなんです。そこから本1冊になるくらい長々と説明しなければ、アルジュナは到底説得できなかったんですね（笑）。

タポシ　なるほど。でもクリシュナ神が頑張った甲斐あってか（笑）、ついにアルジュナは迷いや悩みをすべて払拭し、運命の開戦とあいなりました、というわけですね。

山田　ええ。ここでさっきの質問に戻ると、総督邸に来たラーマの馬車に御者はいませんが、実はその直前にいるんです。直前の場面では、毒蛇の傷から回復したラーマが、サンドバックや壁をめちゃくちゃに叩きながら、親友アクタルとの日々を思い出して大泣きします。これがアルジュナの迷いにあたります。でも次の瞬間、父を撃った記憶と誓いを思い出し、一転して決意の表情へと変わります。その後ラーマの表情はずっと変わりません。インターバルまでですけどね（笑）。

タポシ　でもインド人の観客はそれが分かるんですか？　ラーマが4頭の白馬が牽く馬車にひとりで乗って現れたとき、あれはアルジュナだな、でも御者のクリシュナ神がいないぞ、ってなって、そこから前の場面に遡って、そうか父親がクリシュナ神だったのか、ってなるんですか？

山田　えーと、必ずしも観客はいちいち遡って考えたりはしないかもしれないです（笑）。

タポシ　あれれ？（笑）

山田　私が言いたいのは、こういうストーリー展開が『マハーバーラタ』のフォーマットに当てはまっているということなんです。それは、「戦い」を始める前に迷いがあって、次にそれを払拭する哲学が説かれて、そして全力で全面戦争が戦われる、という一連の流れです。

タポシ　ラーマが火のついた馬車に乗ってやってくるシーンも『マハーバーラタ』のエピソードを示唆していますね。それは、アルジュナが自分の馬車に火がついても一向に大丈夫なのは自分がすごいからだと驕っていたんだけど、それを諌めるために御者クリシュナ神が馬車から降りてみせたら、とたんに馬車は燃えあがって壊れてしまうという話です。

そこからアルジュナはクリシュナ神の偉大さを理解したわけですが、つまりアルジュナであるラーマの頭の中には父親、クリシュナ神が一緒にいるんですよね。だから馬車から降りたら派手に燃え上がり破壊されてしまう。

山田　そう、ラーマには父親がくっついているんです。その父はクリシュナ神。父との約束、託された使命はラーマにとって『ギーター』なんです。

タポシ　でもその約束や使命は、結局というか具体的には「すべての同胞に武器を届けること」〔140分頃〕ことですよね。哲学とはいえないという気もしますけど。

山田　鋭い（笑）。そう思われても仕方ないかもしれませんが、ここで再び『ギーター』と「怒り」の話につながるんですよ。「同胞に武器を届ける」という言葉自体は表面的ですが、その背後には、人間に対する暴力的な略奪や差別、虐殺を良しとする植民地支配に対して、本来の生活と尊厳を取り戻すために行動することは正義だという哲学、つまり不正な支配からの民族解放は正義だという哲学がある、ということなんです。

タポシ　でもそれだったらビームにも当てはまらなくもない。

山田　そのとおり。実はビームもアルジュナになぞらえられているといえて、白馬4頭は猛獣たち、御者はペッダイヤ。そしてビームは警察の制服を着たラーマを見て迷い、嘆き悲しみます。「信じたくない」、「兄貴は俺たちの仲間だ」〔89-90分頃〕と。この間ビームはラーマにほとんど抵抗せず、やられっぱなしです。『ギーター』を説かれる前のアルジュナに見えませんか？

タポシ　言われてみれば。でも御者ペッダイヤの言葉が何かありましたっけ？（笑）

山田　あー、それはなかった（笑）。私が思うに、ビームにとっての『ギーター』はセリフにあるとおりの自分が正しいという感覚で、繰り返し言う「罪は犯していない」、「俺が一体何をした！」〔89分頃〕などのセリフに尽きると思います。私はいつもこの場面で泣きそうになります（笑）。だって本当のことだから。でもラーマのせいでマッリ救出のための鍵を失くしてしまったとき、ついにラーマが“仲間”ではないと、不正義の側にいるのだと思い知ります。もう迷いはありません。

タポシ　じゃあ、総督邸襲撃にはじまる「戦い」は、ラーマとビームの間の『マハーバーラタ』かと思いきや、ビームは悪玉カウラヴァ家じゃなかった。要するにふたりともアルジュナなんだ。

山田　ええ。ビームの鞭打ち刑のあと、ラーマが「もう何の迷いも感じない」〔128分頃〕と言うセリフは、『ギーター』を聴いた後のアルジュナの言葉そのものです。いっぽうビームの方も、ハトラスでシータからラーマの真実を聞き、ラーマのすべての行動が「大義」〔155分頃〕のためだったと理解します。このシータの語りはビームにとっての『ギーター』です。ふたりとも、大義やら使命やらに納得して迷いや誤解が吹っ切れる姿はまさにアルジュナ。ここらへんの流れも、さっき言った『マハーバーラタ』のフォーマットどおりですよね。

タポシ　そして、ふたりはついに合流……いや合体して、真の敵との最終戦争に向かっていくわけですね。

山田　そう、肩車でね（笑）。

14)　全文訳は以下のとおり。「あなたの職務は行為そのものにある。決してその結果にはない。行為の結果を動機としてはいけない。また無為に執着してはならぬ。」上村勝彦訳『バガヴァッド・ギーター』(岩波文庫, 1992年) P.39, 第2章47節。

3　第2戦争：ラーマ+ビームvs大英帝国

タポシ　さぁ、ついに最終戦争がはじまりました。

山田　さっき先回りして紹介しましたが、牢でラーマがスコットとエドワードを前に、『ギーター』の一節をそらんじるところ。あれが、これから『マハーバーラタ』戦争が始まるという予告になっています。

タポシ　ハトラスでシータがビームに語るラーマの真実が、ビームにとって『ギーター』になっているという説明でしたが、でもこのときシータの後ろには、ラーマ王子とシーター姫の白い像が建っているから、あそこにあるのは『ラーマーヤナ』ですよね（笑）。

山田　そうなんですよ。前のアクタルの「ラーマ王子とシータ姫か」発言から『ラーマーヤナ』の出番はずっとなかったんですが、ここで急に出てきてびっくりです（笑）。ではストーリーの続きをお願いします。

タポシ　ラーマ王子らが森の生活を始めると、まもなく美しいシーター姫が悪玉ラーヴァナ王の目に留まりました。そしてラーマ王子が留守のとき、弟ラクシュマナの警戒にもかかわらず、ラーヴァナは策を弄して彼女を誘拐し、自分の王国であるランカ島にさらって行ってしまいます。それを知ったラーマ王子は奪還を図り、森の猿軍団やその英雄ハヌマーンらの協力を得て、ついにランカ島に渡ります。そして、激しい戦争の末に妻シーター姫を取り返しました。

山田　『RRR』のビームは「シータ姫は王子を捜さない」、「王子が迎えに来てくれる」、「俺が必ず連れて来る」〔152分頃〕と言いますね。この「俺が必ず連れて来る」という言葉は、ビームが自らをハヌマーンに見立てたことを表しています。

タポシ　今度はハヌマーン！　ちょっと前まで弟ラクシュマナだったのに。それに叙事詩で囚われの身になるのはラーマ王子じゃなくてシーター姫の方ですよね（笑）。

山田　まったくですよ。もうこうなったら何でもありです（笑）。ビーム扮するハヌマーンは、獄中のラーマにペンダントを見せますよね。叙事詩ではここの場面、ハヌマーンがシーター姫にラーマ王子の指輪を見せるんです。

タポシ　それは、シーター姫はハヌマーンのことを知らなかったから、ハヌマーンがラーマ王子の使いだと分かるように、王子が自分の指輪を持たせたんですよね。

山田　そう。そして次のビームのセリフ「白人の根城を焼き払ってでも救い出す」〔156分頃〕の「根城」はテルグ語では「ランカ」と言っています。

タポシ　やっぱり！　「ランカ」という単語は聞き取れましたよ。あと「焼き払う」というのは、ハヌマーンが自分の尻尾に点いた火を振り回してランカ島を火の海にした話からですね。

山田　ええ。そしてここからがついに本当の最終戦争です。まずビームは森の中でラーマ神の像のところに旗や弓があるのを見つけて、それでラーマを着せ替えます。

タポシ　そしてエドワード率いる警官隊が到着したあと、光を浴びて出現するシルエットで、ラーマがラーマ神になったことが観客に分かる。

山田　ただ、それがラーマ神かどうかは問題で、次に詳しく話題にするので、とりあえずここでは先に進みます。

タポシ　了解です。それで、ついにラーマとビーム、比喩としてのラーマ王子とハヌマーンのランカ島での戦争がはじまりました。叙事詩で火の海となったランカ島は、『ＲＲＲ』では火の海になった森ですね。

山田　ここから始まる♪《**ラーマン・ビーマン**》では、「ラーマはラグ家の末裔」〔163分頃〕と歌われます。ラグ家は神話に出てくる由緒ある王家で、ラーマ王子はその子孫なんです。ところがそのすぐあとには「アルジュナは弓を引く」とか「ビーマは強靱な戦士」〔165分頃〕とか出てきます。『ラーマーヤナ』と思ったら『マハーバーラタ』。と思ったらまた『ラーマーヤナ』。もう入り混じってたいへんなことに（笑）。

タポシ　もうマルチ・バースな世界になっていますね（笑）。ここでちょっとストーリーを補足すると、ビーマというのはアルジュナのすぐ上の兄で、大食漢で、強剛な肉体を持っていて、弟アルジュナを愛してやみません。あり余るほどの怪力でどこへ行っても暴れ回るので、インド人には人気のキャラクター。叙事詩の愛すべき脇役として『ラーマーヤナ』にはハヌマーンが、『マハーバーラタ』にはビーマがいるという感じですね。

山田　そうです。で、「ビーマは強靱な戦士」という歌詞に合わせて、槍を持ったビームが水面から跳躍しながら登場します。ゴーンドにはビーマの末裔伝承というのが実際にあるらしいです。

タポシ　あの登場シーンは、アゲアゲになります！　こうしてふたつの叙事詩が入り乱れ、キャラが入れ替わり、末裔伝承まで入り込んでくる……もうなにがなんだか（笑）。なにはともあれ『ラーマーヤナ』のランカ島の決戦は、『マハーバーラタ』の最終戦争へと突き進んで行きましたとさ。

4　最終戦争と最強兵器

新たな最強兵器

タポシ　スコットとの対決は『マハーバーラタ』から始まって『ラーマーヤナ』に寄り道し、でも結局ラストは『マハーバーラタ』でキメるんですね。

山田　やっぱり最終戦争といえば『マハーバーラタ』ですからね。それに『マハーバーラタ』には、世界を破滅へ導く最強兵器への言及があります。『ＲＲＲ』で一番重要なところです。

タポシ　最強兵器といえば『ブラフマーストラ』（ヒンディー語，2022）という映画を観た人もいると思いますが、あれですね！

山田　そうです。インド人の発想にはいつも意外性があるところが面白いんですが、実は最強という割にはなぜか複数あって、使われたものと使われなかったもの、使われたけれど失敗したものとか、いろいろあるんです。

タポシ　インドはそういうとこ、ホント自由ですよねぇ。で、『ＲＲＲ』の最強兵器と叙事詩の最強兵器の関係とは？

山田　『ＲＲＲ』で出てくる最強兵器はふたつ。そのいずれもが叙事詩にはない、新しいものというところがミソです。

タポシ　具体的には？

山田　ひとつは、ラーマが倒れた警官から失敬した手榴弾を先に付けた矢です。これを放つラーマの背景に、父親の姿が亡霊のように映し出されます。

タポシ　父親の声で「装塡 狙え 撃て」〔166分頃〕と言うところですね。

山田　ふたつ目は、ビームが総督邸に向かって軍用バイクを飛ばし、そこへラーマが燃える矢を放って爆発させた、あれです。

タポシ　分かりました。武器庫に着弾して大爆発、総督邸を破壊し尽くしたやつ。ラーマとビームの力が合体した武器だから、まさに最強兵器ですね。

山田　ふたつの最強兵器には重要なメッセージが込められていて、それはインドの伝統的兵器である弓矢と西欧の近代的兵器である手榴弾や軍用バイクの合体、つまりインドと西欧の合体こそが最強ということです。だから、叙事詩にはない新しい武器なんです。発明者は原作者と監督で。

西欧近代文明、合理主義、無神論

タポシ　でも、ラーマとビームがイギリス統治からの解放を目指していて、その戦いが叙事詩の戦いに模されているのに、そこにどうして西欧近代文明の入る余地があるんですか？

山田　結論からいえば、ラーマが西欧近代文明の信奉者だからです。

タポシ　どうしてそう言えるんですか？

山田　まずラーマは銃が解放をもたらすと信じていますよね。その銃自体は西欧近代文明の産物です。また西欧的教養も信奉していて、部屋は本だらけだし英語も堪能です。

タポシ　たしかにそうですが。

山田　ラーマが西欧近代文明の信奉者というだけでなく、合理主義者だと分かる描写も沢山あります。例えばラッチュを捜す場面で、まずインド人にしては珍しく壁に地図が貼ってあり、それを見ながら考えます。そして、「奴にとって敵の敵は味方だ」〔28分頃〕と論理的に考え、さらに似顔絵を使って捜索します。

タポシ　今でいう科学的捜査ってやつですね。1920年代には斬新な方法だったでしょうね。

山田　また少年救出の場面で、ラーマはアクタルも無事助かるように旗を水に濡らして投げました。あらかじめアクタルが火の中に入っちゃうのを予見したから、一瞬で考えて実行したんですよね。そしてラストシーンでは、ラーマはビームにお礼になにが欲しいかと聞き、ビームは「読み書きを」〔174分頃〕と答えます。このような読み書き能力への信奉も、イギリス統治がインドにもたらしたものです。

タポシ　なるほど。エンディング前のシーンでも、ラーマがビームに「水と森と土地を」〔174分頃〕という言葉を教え、ナーガリー文字のヒンディー語で旗に記しましたね。

山田　つまり、サンスクリットやヒンドゥー教の古典の読み書きでもなければ、なにかのマントラでもなかった。もはや『ギーター』の一節ですらない。かわりに西欧近代的な識字、そしてもうひとつ、銃に対する信頼も教えました。ビームがマッリらと故郷に帰還したとき、彼の背中に銃があったんです。

タポシ　気づきましたよ。あれは、最後にスコットと対峙したとき、ラーマが渡してくれたものですよね。ビームが運んできた木箱から取り出した、最初の1丁。村人に渡すよりも先にビームに渡した。そして、ビームが最初の1発をスコットめがけて放ったとき、「装填 狙え 撃て！」

〔172分頃〕と言ったのはラーマでしたね。

山田　そう。つまり、ラーマはビームに識字と銃を授けたわけで、そのどちらもラーマ自身が信奉するものであり、それはまたイギリス植民地支配、つまり西欧近代がインドにもたらしたものです。

タポシ　そう言われてみれば、エンディングの♪**《エッタラ・ジェンダ》**でも、背後に武器を持つ巨人と、その傍らには大砲が置いてありました。

山田　でしょう？　またラーマは合理主義者というだけでなく無神論者でもあります。インドではこのふたつは同義です。

タポシ　それが示されるのは、どんな場面でしょう？

山田　いろんな場面から分かりますよ。まず、ラーマは1万人と戦ったにもかかわらず昇進できなかったとき、その悔しさをサンドバックにぶつけて晴らそうとする程度に無神論者です。もし敬虔なヒンドゥー教徒だったら、カーリー女神にでも祈って呪いをかけたでしょう（笑）。

タポシ　そうした描写、インド映画では、よく見かけますね。

山田　毒蛇に咬まれたときも神に祈ったりしませんでした。神に祈ったり、「契り紐」に願掛けしたりしたのはビームの方です。

タポシ　そうでした。

山田　あと、ラーマがムスリムと一緒に同じ皿に手を突っ込んでビリヤーニーを食べる場面がありますよね。一般的には、ヒンドゥーが自分以外のカースト、特に低いカーストの人間と食事をとることは宗教的ケガレにあたると考えます。その上、あのビリヤーニーは具の大きさから判断するとマトンかビーフ、つまり肉が入っていました。ということはラーマは菜食主義者じゃないんです。また、ラーマはアクタルが左手で食べることも気にしませんでした。

タポシ　そうですね。ラーマは子どもの頃、弟が左手で食べて怒られているときも、口答えする弟の味方でしたよね。弟が「だって早く食える」〔101分頃〕、アクタルが「どの手も同じだ」〔41分頃〕という、科学的に正しい理屈をラーマは支持したわけで。

山田　ちなみに、ビリヤーニーを食べている場面で、アクタルがラーマになにか小さな具を手渡しますよね。そもそも唾液の付いた手で食べ物を手渡すこともケガレなんですが、いったいなんの具を渡したのか気になったので、テルグ人の友人に尋ねました。

タポシ　なんだったんですか？

山田　残念ながら、手渡すときにアクタルが言っている単語は誰にも分かりませんでした。テルグ人に分からないということはゴーンド語だったのではと個人的には考えています。ただ、ああいう場面で手渡すとしたら内臓、モツだと言われました。肉より少ないので貴重だから、すごく親しい間柄でなければ渡さないとも言われました。実際、私自身も家族同然のインド人から同じようにレバーとかハツとかを優先的に回されるので、実感あります。

タポシ　へぇ、そうなんですか。菜食が上とされているヒンドゥー文化で肉っていうだけでなくて内蔵まで食べるというのはなかなか大胆な設定ですよね。でもそれって、ラージャマウリ監督といっしょですね。監督が無神論者なのは有名ですから。つまり自分の価値観をラーマに投影しているんですかね。

山田　まあ、そういうことかもしれません。

ラーマは人か神か

タポシ　ラーマが西欧近代文明の信奉者で合理主義者、無神論者ということは分かりましたが、でも本当にそのとおりなら——さっき飛ばした話題ですが——最後の戦闘シーンでラーマを“ラーマ神”に変身させたのは、どうしてなんでしょう？

山田　それこそがこの映画のモンダイの箇所です。まず、この場面はテルグ人の観客とテルグ人以外のインド人では見方が違います。テルグ人の観客なら、ラーマ神以前に、「ついにアッルーリ・シーターラーマ・ラージュが出たー！」って思います。

タポシ　どういうことですか？

山田　それは、実在のアッルーリ・シーターラーマ・ラージュはまさにあの恰好をしていたと伝えられていて、テルグ人なら誰もがそう信じているからです。とはいっても、本当はどうだったか分からないんですが。あの恰好は1974年の映画『アッルーリ・シーターラーマ・ラージュ』(Alluri Seetarama Raju, 未, テルグ語, 1974) で、主人公がしていた恰好 (P.4参照) なんです。

タポシ　そうなんですか。

山田　この映画はテルグ語映画史上に残る大ヒット作品です。主演俳優クリシュナ (Ghattamaneni Krishna, 1943-2022) の演技は素晴らしく、どんな役者も彼を超えることはできないとされてきました。だから、その後誰もリメイクに挑戦したり、新作で撮ったりもしませんでした。でもこの役に憧れる名優は何人もいて、そういう人たちはジタバタと、まったく違う別の映画の中でちょっとだけ引用したり、一瞬真似して登場したりして、まあその程度で我慢してきたんです。

タポシ　だとしたら『ＲＲＲ』は画期的な映画なんですね？

山田　そうなんです。ラーム・チャランが逆光の中、あの恰好をして神々しく登場したとき、テルグ人の観客はテルグ語映画の歴史的瞬間を目撃したんです。ついにあの俳優クリシュナは乗り超えられ、新しい時代がやってきたと。

タポシ　なるほど。『ＲＲＲ』は純粋にテルグ語映画史の中でも記念碑的作品なんですね。

山田　そうなんですよ。今後アッルーリ・シーターラーマ・ラージュが出てくる映画はもう当分製作されないのではないかと思います。

タポシ　でもテルグ人の観客はそうだったとしても、ほかのインド人はラーマ神を見たんじゃないですか？　それに、♪《**ラーマン・ビーマン**》で「ラーマ」とか「ビーマ」とか歌っていますよね。あの「ラーマ」はラーマ神でしょう？

山田　問題はそこです。では逆にきくので答えてください。ラストシーン、お花畑でみんなが合流したとき、ラーマはビームに礼を言います。なぜだと思いますか？

タポシ　ビームの助けでスコットを倒すことができたから。

山田　ですよね？　ビームはどのようにラーマを助けましたか？

タポシ　感情が武器になると教え、独房からラーマを救い、薬草で脚の傷を癒し、近くにあったラーマ像から布を取って着させ、弓矢を持たせ、戦えるようにしました。

山田　はい、そこです！　人間ラーマがラーマ神に変身したのではなく、人間ビームによって神の似姿にされたんです。神を作るのは人間なんですよ。

タポシ　でも、観客には人間ラーマがラーマ神になったように見えていることに変わりないですよね。

山田　そこもです！　まさに“見えている”んです。人間ラーマに神を見るのは観客の方なんです。アッルーリ・シーターラーマ・ラージュを見たい人にはそう見え、ラーマ神を見たい人にはそう見える。観客は人間ラーマに投影された、自分自身が見たいものを見るんです。

タポシ　なるほど。これで腑に落ちてきました。ラージャマウリ監督は無神論者だから、神話を真に受けたような映画を作るわけがないと思いつつ、危ういことするなぁと思っていたので。まさしくこのアプローチは、無神論者のラージャマウリ監督ならではのものですね。

山田　私はこういう演出、ラージャマウリ監督のすごいというか、あざといというか、際立った特徴だと思います。それと、インドの知識人にとって叙事詩は子どもの頃から触れる知的世界の原風景なので、神話という以上に純粋な物語として、普遍的な価値を認めているんだと思います。

タポシ　つまり、ラージャマウリ監督は、叙事詩を宗教的な物語としてではなく、普遍的な物語として取り入れているわけですね。

山田　私はそう思います。

感情のある革命

タポシ　ここでビームについても考えてみると、少なくともラーマのような合理主義者でも無神論者でもない、という設定ですよね。読み書きを知らず、神に手を合わせたり契り紐を身につけたりする男ですから。森の中のラーマ像にも手を合わせていました。でも、すぐさま弓矢と布を失敬しちゃいますけどね（笑）。

山田　ビームは薬草の知識を持ち、野生動物の扱い方を知っている、無学で素朴な民衆世界に住む森の人です。かといって、それが“遅れ”ていると否定的に描かれているわけではないですよね。ビームにはラーマにないもの、歌によって人の感情を動かす力がありました。その威力がどれほどのものか、『ＲＲＲ』の中で2回描かれています。

タポシ　それは、まず総督邸で軟禁されているマッリが連れて帰ってと騒いでいるときに、歌で彼女を黙らせた場面ですね。次は鞭打ち刑の場面で、ビームの歌を聴いた民衆が一斉に反乱を起こす場面。

山田　そう。ビームの歌を聴いて迷いを払拭したラーマは、おじさんのヴェンカテーシュワルルに「**銃のない革命を知った 奴の歌は民衆を動かした**」〔128分頃〕と語り、続けて「**ビームの感情は人々を武器に変えた 同じ感情を届ける**」と言いました。

タポシ　字幕では「**銃のない革命を知った**」のところ、武力や暴力を否定してガンディー的な非暴力主義に目覚めたと受け止めた観客もいたようでした。ぼくは前後関係からすんなり受け容れて、特に引っかからなかったんですけど、ここもとても大事な気がするのでもう少し詳しく説明してもらえますか。

山田　この部分のテルグ語ですが、ラーマは「ただ銃のみが革命を実現すると思っていたが、あいつは感情だけを携えてやって来た」と語り、続けて「今日ビームは全員の感情を武器に変えた」「そのような感情を私も村人に届けるのだ」と言っています。

端的に言うと、銃はただ銃というだけで武器なのではなく、銃を武器にするのは人間の感情である、つまり感情が武器より上にあるのだ、という意味です。ここも字数が限られているのに沢山喋っていて、字幕にするのが難しかったところです。

タポシ　それは、銃を武器たらしめるのは感情であって、銃と感情の合体が最強だということですね。

山田　そうです。

タポシ　まとめると、『ＲＲＲ』では最終戦争とか最強兵器とか、一見叙事詩の中の戦争や兵器をなぞっているものの、インドの伝統と西欧近代文明、そして感情の3つが合わさったものこそが最終戦争の最強兵器であると。

山田　そのとおりです。そこが叙事詩とは大きく違うところ、ラージャマウリ監督が叙事詩に新しく付け加えたものです。そしてそういう創作にこそラージャマウリ映画らしさがあると思います。

郷土の英雄たち

映画『Kittooru Chennamma』
（カンナダ語、1961）のVCD
（©Moser Baer Entertainment Ltd.）のカバー。

映画『ケーララの獅子』
（マラヤーラム語、2009）の現地版DVD
（©Moser Baer Entertainment Ltd.）のカバー。

映画『Kappalottiya Thamizhan』
（タミル語、1961）のDVD
（©Modern Cinema）のカバー。

タングトゥーリ・プラカーシャムの自叙伝『Naa Jeevita Yatra』（M. Seshachalam & Co., Elluru）第2版（1994年）の表紙（©Bapu）。

第 6 章

「血」は正義

1　血のドラマ

タポシ　いよいよ最後のキーワードは「血」です。血に託された様々なドラマを見ていきましょう。

山田　血というと傷とか痛そうとか、なにかネガティブなものを連想すると思います。私も当初は、なぜ最後のキーワードがこれだったのか不思議に思って、もし日本語の訳語を探すなら流血とか血潮とか、物語的なイメージが湧くような漢字2文字を考えたんです。でも詳しく映像を見ていくうちに、これほど絶妙なチョイスはないと思うようになりました。

タポシ　「血」の1文字がベストなんですね。では場面を追って見ていきましょう。

山田　まず主人公のラーマとビームが登場する場面で、血が効果的に使われています。ラーマは最初に汚れのない顔がアップで映りますが、そのあと1万人と戦う中でだんだんと血が流れていきます。戦いが終わったあと、バケツの水で顔を洗っても血は洗い流されず、キメの視線とポーズをとるときにもしっかりついたままです。

タポシ　ではビームの方は？

山田　ビームは最初に登場する場面で後姿で立ちあがり、頭上に掲げた壺からなにかをかけ流します。頭上からのアングルに切りかわると、観客にはそれが血だと分かります。画面いっぱいにアップされた額に血が流れ落ちます。

タポシ　ビーム登場シーンの血は、オオカミをおびき寄せるための匂いづけみたいなもので、おそらくなにかの獣の血でしょうけど。でもやはり血というのは、映画的にもヒーロー性と結びつくもの、英雄を彩るアイテムになっているのは間違いないでしょうね。

山田　そう。ラーマがアクタルの正体を知り、使命と友情の間で苦悶して壁をボコボコにする場面で回想シーンが挿し込まれますが、このとき父親がそっと差し伸べる手は血まみれで、少年ラーマは自分の手を重ね合わせて誓いを立てます。そのあと泣き崩れ、ベンチに座り込み決意を固めていくときも、血だらけの拳にカメラの焦点が当たります。ここでは使命、約束、決意というラーマの心情を装飾しています。

タポシ　たしかに、痛みや苦痛とは違ったものを演出していますね。

山田　総督邸襲撃でラーマがビームを契り紐で捕らえ宙づりにしているとき、ラーマの顔を血がつたって眼に流れ込み、涙みたいになって流れ落ちます。達成感、裏切り、悲しみ。複数の感情が血によって表されています。

タポシ　この“血の涙”の演出には痺れました！　こうして血の場面を拾っていくと、いろいろと読み取れますね。

山田　私が一番秀逸だと思うのは、鞭打ち刑の場面です。まず刑が執行される前、キャサリンはスコットに「**血を流すさまが見たいわ**」〔115分頃〕と言い、刑がはじまると「**血しぶきが見えないわ**」、「**流血は？**」、「**私が見たかったのは 血だまりよ**」〔118分頃〕と言います。キャサリンにとってビームの血は、相手を屈服させた完全な勝利を意味し、観客にとってはキャサリンとスコットの残酷性を表しています。

タポシ　同じ血なのにまったく違う記号になっていますね！

山田　刑が始まるとラーマはビームの返り血を顔に浴びます。ラーマがそれをぬぐうとき、そこには血とともに涙がありました。

タポシ　そこ！　本当に秀逸で、いつも涙しちゃうとこです！

山田　そのときのビームの♪《**コムラム・ビームよ**》の歌詞は、自分の心臓から川のように流れる血が「大地女神の額の印」〔124分頃〕となり、「女神の足を染める紅粉」となり、「母の唇に輝く ほほ笑みとなるのを見よ」です。ビームの血は、大地女神が目覚め、ビームを祝福し、正義の戦いを見守ろうとしているその前触れ、つまり啓示になっています。そしてビームの血が群衆の足下に流れつくと、群衆の目は怒りに燃えだして、一斉蜂起が起こります。今度は怒りと反乱の血です。

タポシ　しつこいくらいに繰り返される民衆とビームのカットバックに感情をぐんぐん高められてしまう、本当に凄味のあるシークエンスです。

山田　まだ続きます。その夜、誰もいない広場に戻って来たラーマが、地面の血の跡にそっと触れます。そして「もう何の迷いも感じない」〔128分頃〕というセリフにつづきます。これがラーマの迷いを払拭する、『ギーター』になった血です。

タポシ　つまり、ビームの血はただそれだけで数々の表現になっていて、哲学的でもありますね。

山田　多くの隠喩になっているんです。それも、血は美しいとか正義とか、そんなストレートな言葉をいっさい出さずに映像だけでやっている。インド映画はセリフが多くて饒舌なんですが、セリフのない場面がセリフ以上に大事なことを語ることも結構あって、『ＲＲＲ』の血の表現はまさにそういうものだと思います。そういうのを見つけたときに、インド映画が持つ表現力の豊穣を感じます。

タポシ　本当に。言葉よりも饒舌な映像の言葉。それこそが“映画的表現”ですよね。

山田　個人的に面白いと思う場面がほかにもふたつあります。ひとつは前にも話題に出ましたが、ラストシーンでキャサリンが死ぬとき、マッリを誘拐したときに身につけていたのと同じ真珠の首飾りをしたまま血まみれで宙吊りになっているシーンです。

タポシ　そのあとには、スコットの血が「太陽の沈まぬ大英帝国」〔173分頃〕と書かれたエンブレムの上に飛び散りますね。大英帝国が敗北したことを表している。

山田　で、もうひとつはエンディングで**♪《エッタラ・ジェンダ》**が始まる直前の場面。ラーマがビームに「水と森と大地を」というコトバを授けるときです。

タポシ　あぁ、ラーマは自分の指を切って血で書きますね、血判状みたいに。

山田　そう。これこそ絆、友情、使命、大義などなど、ひとことでは言い尽くせない、ふたりの間にあるもろもろの感情を表していると思います。

タポシ　あー、やっとエンディングに辿り着きましたね（笑）。　ぼくはこの曲の歌詞「血が騒いだら」というのが、なんか任侠っぽいというか、勇まし過ぎて物騒な気もしたんですけど、曲から受ける印象は、これでもかという多幸感に溢れています。そのギャップはなんなんだろうと思っていたんですよ。でもこうして改めて見て来ると、「血」にはいろんな感情や意味が込められているし、観た人がそれぞれの受け止めかたをしていいんだなって思えたし、それこそ清々しささえ感じ始めています。

山田　それは良かった（笑）。

2　血が騒いで旗を掲げた人々

郷土の英雄たち

タポシ　ということで血が騒いで旗を掲げた人々についてです(笑)。♪《**エッタラ・ジェンダ**》に出てくる人物は8人います。ひとりひとりが誰かについては、すでに映画パンフレットの中に松岡環さんによる簡潔な解説があります。

山田　ええ、だからあれを読んでもらえばそれでいいのですが、せっかくなのでもう少し話を広げたいと思います。

タポシ　では、まず出て来る順番に人名と地域名を列挙してみましょう。

1　スバース・チャンドラ・ボース（Subhas Chandra Bose, 1897-1945）
ベンガル地方

2　ヴァッラブバーイー・パテール（Vallabhbhai Patel, 1875-1950）
グジャラート地方

3　キットゥール・チェンナンマ（Kittur Chennamma, 1778-1829）
カルナータカ地方

4　チダンバラム・ピッライ（V O Chidambaram Pillai, 1872-1936）
タミル地方

5　バガト・シン（Bhagat Singh, 1907-31）パンジャーブ地方

6　タングトゥーリ・プラカーシャム（Tanguturi Prakasam, 1872-1957）
アーンドラ地方

7　パラッシ・ラージャー（Pazhassi Raja, 1753-1805）　ケーララ地方

8　シヴァージー（Shivaji Shahaji Bhonsale, 1627-80）
マハーラーシュトラ地方

タポシ　この中にガンディーやネルーがいないと残念がった感想や映画評が結構ありましたね。

山田　たいがいの人はインド近代史といえばガンディーやネルーくらいしか知らないから、それが確認できなくて残念だったんでしょうかね。ラージャマウリ監督は同様の疑問をほかの国でもぶつけられてウンザリしたみたいです。彼は知らなかったんですよね、インドの歴史がいかに外国で知られていないのか、いかにガンディーやネルーがいまだに外国で人気なのか、そういう現実を。

タポシ　個人的には、ガンディーが妙に神聖視されている点も大きいと思いました。それにしても、私たち日本人の多くはインドの歴史を正直あまり知りませんよね。なので、その一端にも触れたいと思います。まず、この人選はどういう原則だと思いますか？

山田　基本的にはヒンディー語圏を除く各地方からひとりずつ、ご当地で人気の偉人を選んだと思います。だからガンディーやネルーらが入らないのは当然です。趣旨が違うから。まあ、知名度が一地方にとどまらない人もいるんですけど、細かくはひとりひとり見ていきましょう。

タポシ　ご当地ヒーローでインド一周ですね。この8人は州というか、それぞれの言語地域に対応しているようですが。

山田　厳密には違うところもあります。例えば6番の**タングトゥーリ・プラカーシャム**はアーンドラ地方出身ですが、テルグ語地域代表とはいえません。彼は1953年にアーンドラ州の初代州首相にもなった高名な民族運動家なんですけど、テルグ語地域をひとつに統一する運動の先頭にいた人物だったので、テランガーナ地方の人たちにとっては英雄でもなんでもないでしょうね。

タポシ　インドは連邦共和制の国で、中央政府には首相と大統領、同時に各州の州政府には州首相と州知事がいますが、地方の州の初代首相なんて、外国人には分からないですよ。

山田　『ＲＲＲ』が作られるまで、アッルーリ・シーターラーマ・ラージュやコムラム・ビームという人物もテルグ人以外にはほとんど知られていませんでした。そういう意味で、『ＲＲＲ』は埋もれていた地方運動家に光を当てた映画といえます。

かつ、♪《**エッタラ・ジェンダ**》は、ラーマとビームが特別なのではなく、沢山いた“英雄”たちの中のふたりにすぎないというメッセージにもなっています。この映画をこの歌で締めたことが、『ＲＲＲ』をフィクションでありながらもリアリティを感じさせる作品にしたと思います。

独立運動以前

タポシ　次にいくと、3、7、8番目の3人は独立運動よりも前の時代の人たちですね。

山田　ええ。一番古いのは8番目の**シヴァージー**で、ムガル帝国と戦った人物として知られています。

タポシ　この人選は、イスラーム教のムガル帝国をイギリスになぞらえたようにも見えますが、8人の中に入れて問題なかったんでしょうか？

山田　ときの巨大権力——この場合はムガル帝国——に対抗した人物という括りと考えればいいんじゃないでしょうか。

タポシ　そうですか。それは、「怒り」のところでも触れたように、単にイギリスが悪いとかイギリス人が憎いという話ではないという点に通じますね。

山田　シヴァージーの歴史的評価についてはいろいろ論争があります。ヒンドゥー至上主義者はシヴァージーを反イスラーム、ヒンドゥー教の英雄と見るでしょう。他方で、農民への大幅な減税や農民中心の優れた軍隊組織など、斬新な手腕の王という視点から評価する人もいます。彼は別にヒンドゥー主義者ではなく、ムガル帝国から統治制度など学んでいたという研究者もいます。

タポシ　ではマハーラーシュトラ代表はシヴァージーでよかった？

山田　そうですねえ。ただシヴァージーは南インドに攻め込んで来た人ですからねえ（笑）。私が抵抗感を持つとすればそこですよ。

タポシ　なるほど。

山田　ナポレオンはフランス人には英雄かもしれませんが、周辺国にとっては侵略者でもあるわけでしょう。ところが、わがハイダラーバードのゴールコンダ王国ときたら、シヴァージーの南インド侵攻に手を貸したんですけどね（笑）。

ただゴールコンダ王国はイスラーム政権なので、シヴァージーがそれと協力したということは、やっぱり単純にヒンドゥー教の英雄とは言えないんですよ。ようするに当時は戦国時代。シヴァージーは興味深い物語がいろいろ残された武将のひとりってことです。

タポシ　マハーラーシュトラの有名人といえば、実は高校世界史の教科書にも載っている**ティラク**（Bal Gangadhar Tilak, 1856-1920）がいるんですが。

山田　ああ、うっかりしました。でも彼もシヴァージーと同様に問題があるから、ティラクだったらシヴァージーでも変わらないかなぁ。個人的には、シヴァージーは有名すぎて、ここはラーマやビームみたいに、一般的な知名度がマイナーな人を出して欲しかったですね。

タポシ　例えば？

山田　反英農民反乱の指導者**パドケー**（Vasdev Balvant Phadke, 1845-83）とか。彼はいわばマハーラーシュトラのアッルーリ・シーターラーマ・ラージュ。でもアッルーリよりもずっと早く、1879年に貧しい農民を率いて蜂起しました。

タポシ　本当に各地にいたんですね、そうした人物たちが。

山田　でしょ？　だからそういう人をあげて欲しかったなぁ。

タポシ　では、3番目と7番目はどういう人たちなんでしょう？

山田　3番目の**キットゥール・チェンナンマ**は、カルナータカ地方にあったキットゥール藩王国の王妃で、イギリス東インド会社と戦いました。女性という点で、北インドには前に話題に出た映画『マニカルニカ ジャーンシーの女王』の**ラクシュミーバーイー**（Rani Lakshmibai, 1828-58）がいて、南にはチェンナンマがいるという感じでしょうかね。『キットゥール・チェンナンマ』（Kitturu Chennamma, 未, カンナダ語, 1961）という伝記映画もあります。

タポシ　キットゥール・チェンナンマは8人の中で唯一女性なので、そういう配慮もあったのかもしれませんが、彼女はカルナータカ代表として適任ですか？

山田　個人的にはそう思います。一般的にあまり知られていないし。私はこの地域の専門家ではないので、カルナータカといえば**ハイダル・アリー**（Hayder Ali, 1720-82）と**ティプ・スルターン**（Tipu Sultan, 1751-99）という親子2代にわたるマイソール王国の王が浮かんでしまうんですが、やっぱり有名すぎるんですよね。

タポシ　いや、有名って言われても、その人たちのことも知らないんですけど（笑）。

山田　そうですか？　インドで知らない人はいませんよ。彼らはイギリス軍とマイソール戦争を戦って敗れました。ティプ・スルターンはフランスのジャコバン党とも関係があって、そのマイソール支部を創設したとも言われています。

タポシ　フランス革命のあのジャコバン党？

山田　そうです。グローバルな政治感覚がある人物だったんです。面白そうな話でしょう？　このふたりにも、沢山の逸話が知られています。

タポシ　どれもこれも、もっともっと深掘りしてみたいです（笑）。では、7番目の**パラッシ・ラージャー**は？

山田　彼もイギリス東インド会社と戦った人です。伝記映画も複数あって、『ケーララの獅子』（Kerala Varma Pazhassi Raja, マラヤーラム語, 2009）では名優マンムーティ（Mammootty, 1951-）が主役を演じました。

タポシ　では、彼がケーララ代表でオーケー？

山田　うーん。ケーララ地方にはそれこそ有名なマーピラ暴動（Mappila Outbreaks）というのがあって、個人的にはその中の人物を誰か取り上げて欲しかったです。

タポシ　マーピラ暴動？　それも初めて聞くんですけど、ケーララでは有名なんですか？

山田　もちろん、知らない人はいないです。これを題材にしたマラヤーラム語の映画も複数あって、たとえば『1921』（未，マラヤーラム語，1988）では、さっきも出た名優マンムーティがここでも主役を演じました。ただマーピラはムスリムのコミュニティなので、政治状況に忖度したのか、マンムーティが演じたのは架空のキャラクターのヒンドゥー教徒でした。

タポシ　そういうところ、やっぱりセンシティブな問題なんでしょうね。

インド国民会議派の時代

タポシ　残りの5人は『ＲＲＲ』の時代と重なっています。

山田　ええ、若干ずれているんですけど1920年代には全員揃って同時代を生きていた人たちですね。そして全員がインド国民会議派と関係があった人物です。

タポシ　ぼくがコルカタにいた話はしました。なので、1番目の**スバース・チャンドラ・ボース**はベンガル人にとっての英雄というだけでなく、全国的なヒーローだと思っているんですけど違いますか？　だから、比較的マイナーな運動家が多い8人の中にボースがいることに少し違和感があるんですよね。

山田　実は私も同感です。ボースの知名度は全国区だし、テルグ人にも大人気ですしね。国民会議派の中でネルーと並んでもっとも有力な左派指導者でしたが、武力による独立の道を主張してガンディーから排除されてしまいました。でも、もともとはガンディーの影響を受けて民族運動に身を投じた人です。恵まれた環境もキャリアも将来も犠牲にして。

タポシ　ボースは頭が良く行動力もあって、現実的な国際感覚を持っていたから、非暴力で独立が獲得できるとは信じられなかったんですよね。

彼はインドを離れ、ヨーロッパで枢軸国側との協力を仰ぎますがうまくいかず、Uボートに乗って日本にやってきます。東條英機は彼に惚れ込み、ボースはシンガポールで自由インド仮政府の樹立に関わります。こうして日本軍と手を組みインド国民軍を率いて、最後は悲惨なインパール作戦まで戦いました。でも1945年8月15日に日本が敗戦。その直後の18日に飛行機事故で亡くなります。

遺灰が東京・杉並の蓮光寺にあり、毎年命日には法要も開かれ、インドの政治家も訪れています。ベンガルでは彼はその後も生きていたんだと信じていた人たちが大勢います。

山田　ボースの"敵の敵は友"作戦は結果的には失敗だったんですが、そのいっぽうで当時の特に若い世代の人々を中心に高い支持を得ていました。彼らにはガンディーは理想主義的すぎて、糸紡ぎとか製塩を黙々とやっていればイギリスがすすんで独立をくれるなんて、とてもありえないと思ったんです。

タポシ　1919年からずっと非暴力運動をやってきて、全然独立できそうになかったですからね。20年以上成果が見えてこないと、血が騒ぎやすい（笑）若者たちはそうなるなぁと思います。その間、アムリトサル虐殺事件じゃないですけど、イギリスは好き放題インド人を苦しめているわけだから、ボースが民衆的人気を得るのはよく分かります。

山田　ボースはガンディーとは違い、現実路線でリアルな独立の方法について語る、魅力溢れた人物だったと思います。ガンディーからは排除されましたが、そこは歴史の皮肉というか、実はインド国民軍が日本軍と一緒に東南アジア戦線をインドに向かって勝ち進めてきたことが本当に脅威になったんです。イギリスは国際的圧力をかけられてついにインドに独立を確約しました。もしボースがいなかったら、イギリスは独立の確約をしなかったかもしれません。

タポシ　では独立を実現したのはガンディーのサティヤーグラハではなかったと？

山田　そこまでは言いませんけど（笑）。現実に起こった独立へのプロセスは非常に複雑なもので、少なくともガンディーひとりの活躍によって実現したのではないということだけはいえます。

タポシ　そこ、勘違いされているというか、あまり知られていないなぁと思います。

山田　ボースに関して言えば、彼の影響は死後も大きかったです。インド国民軍に参加したインド人の多くは日本軍の捕虜になった兵士たちでした。彼らは第二次大戦後インドで“反逆罪”に問われ裁判にかけられます。でも、いい加減イギリスにウンザリしてキレかかっている民衆の目には、彼らこそ――可哀そうにも日本の敗戦で挫折してしまったけれど――真剣にインドの解放を願いわが身を捨てて戦った誠実な愛郷者に映っていました。

　そんなわけで、まもなく民衆の大規模な抗議運動が起こるわ、海軍も反乱を起こすわ、などなど大混乱になってイギリスは恐怖に陥りました。一連の事件はインドの独立を早めたとも言われています。

タポシ　さきほどちょっと触れたように、「ネータージー（ボースの愛称）は、まだ生きている」とか「あの飛行機事故は陰謀だ」という声が何度も再燃したし、インド政府がその真相について正式な調査を複数回したほどまでに、どうか生きていて欲しいという声が絶えないので、テルグ人にも人気っていうのも頷けますね。

山田　ボースのように、ガンディーから影響を受け、ガンディーを尊敬しながらも信じるところの違いから独自路線に進んでいった若者が、この8人の中にはもうひとりいます。それは5番目の**バガト・シン**です。彼は当時のほかの多くの若者同様、共産主義や社会主義から影響を受けて、武力闘争の道へ進みました。

タポシ　過激なテロリストとも言われているようですが？

山田　植民地からの解放闘争という性格があったので、テロリストという呼び方はどうかと思いますが、彼はラーラー・ラージパト・ライが警察に警棒で打たれた後に亡くなったので、復讐をしようと責任者のスコットという名前の警官を殺そうとしました。ところが相手を間違えてしまい、別人を殺してしまいます。また、議会に爆弾を仕掛けて爆発させたこともありました。ただこれも殺傷目的でなく、爆弾には殺傷能力もありませんでした。でも絞首刑になりました。23歳でした。

タポシ　壮絶だけどとても儚いですね。そんな彼はパンジャーブ代表にふさわしいですか？

山田　バガト・シンはやっぱり有名すぎるんですよ。今まで出て来た人物の中で、一番多く映画化されたりテレビドラマになったりしたんじゃないかな。ラーマの父親役をやったアジャイ・デーヴガンも『バガト・シン伝説』(The Legend of Bhagat Singh, 未, ヒンディー語, 2002) を製作して、自らバガト・シンを演じました。

タポシ　ここまで見てくると、**♪《エッタラ・ジェンダ》**の人選は"埋もれた"英雄というよりも、反主流だった人で大衆的人気がある人物、というふうにも思えてきますね。映画化された人物も多いし。

山田　そうですね。個人的に一番面白いと思ったのは、実は4番目の**チダンバラム・ピッライ**です。この人、知らないでしょ？

タポシ　ぜんぜん（笑）。

山田　**♪《エッタラ・ジェンダ》**でボースの背景に飛行機が描かれたように、彼の背景に船のシルエットが映ります。これは、イギリスに対抗してインド人による初の海運会社を始めた運動家だからですが、労働組合運動の先駆者でもあって、民族運動の大衆化に大きな貢献をしました。名優シヴァージ・ガネーシャン（Sivaji Ganesan, 1928-2001）が主役を演じた『タミルの海運者』(Kappalottiya Thamizhan, 未, タミル語, 1961) という映画があります。

タポシ　1961年に映画化されているってことは、やっぱりご当地では重要人物なんですね。

山田　そうなんです。アッルーリ・シーターラーマ・ラージュだって映画化は1974年だから、それよりずっと早いですよね。こうした地元で民衆的名声のある活動家はテルグ語映画人の好きな題材だし、タミル地域に大勢いる“偉人”の中からこの人物を選んだのはちょっと意外性もあって、ラージャマウリ監督の人選らしいと思いました。

パテールをめぐって

タポシ　あと回しになった最後の人物、2番目の**ヴァッラブバーイー・パテール**はどうでしょう？

山田　彼は独立運動ではネルーと並んでガンディーを補佐し、独立後はネルー内閣の副首相・内務大臣になった人物です。ネルー時代の内政の基礎は実質パテールの手腕によるとも言われます。政治家のスケール感としては全国区だしビッグネームです。ただ“英雄”と思うのはグジャラート人だけでしょうけど。

タポシ　じゃあグジャラート代表でいいんですか？

山田　そこですよ、問題は。

タポシ　おやおや。

山田　私が8人の人選の中で一番問題だと思うのは彼です。現首相のモーディーがグジャラート出身で、パテールを賛美して巨像を作らせたことは有名ですよね。

タポシ　山田さんが以前『バーフバリ』の解説トークをしたときに、劇中の巨大黄金像の話をした際、この「統一の像」(Statue of Unity) を引き合いに出していましたね。アメリカの自由の女神のゆうに2倍以上、182メートルもある像で、われらが茨城の牛久大仏も叶わない大きさです（笑）。

山田　人物像としては世界最大です。

タポシ　つまり、パテールを選んだのはモーディー首相への、ラージャマウリ監督からの忖度？

山田　いや、おそらくそんな単純な話ではないと思います。

タポシ　あー、なんかちょっと悪い顔になっていますよ（笑）。

山田　実はパテール像が建設されていた時期と、『バーフバリ』が製作されていた時期は重なるんです。『バーフバリ』に出てくる巨大黄金像は、徳も人望もない、残酷な王の愚かさの極みの象徴として描かれていますよね。

タポシ　えっ？　じゃあ、あれはパテール像を建てたモーディー首相への当てつけですか？

山田　それしかないでしょう。そうでもなければ、あんなにあからさまに、しかも時期的にピッタリすぎる演出はありえませんよ。

タポシ　だとすると、『バーフバリ』でラージャマウリ監督はモーディー首相を批判した。

山田　そこです。モーディー首相が『バーフバリ』を見て内心どう思ったかは分かりませんが、映画自体は彼の好きなヒンドゥー教が出て来るし、なんといっても超のつく大ヒットだし、表向きはその人気を自分に有利に取り込もうとしました。主役の俳優プラバースと会ったり、ラージャマウリ監督に手紙を書いたり。監督の父親で原作にもかかわったヴィジャエーンドラ・プラサードは今では国会の上院議員です。インド国会の上院には政府が指名できる枠があるんです。ヴィジャエーンドラ・プラサードの指名はモーディー首相らの主導です。

タポシ　まさかラージャマウリ一家が逆に取り込まれてしまったんですか？

山田　そうは思いません。ただ監督は、自分の映画がテルグ地域だけにとどまっている間はいいですが、インドを代表する作品としてこれほど内外で注目されるようになると、そこに政府の目が張り付いているということは、じゅうぶん認識したと思います。だから、あっちで貶したからこっちでは持ち上げておいたんじゃないかというのが私の見解です。

タポシ　『バーフバリ』で貶して『ＲＲＲ』で持ち上げた？

山田　私にはもうそれしか考えられないんですよ（笑）。

タポシ　でも結局のところパテールを8人の中に入れたことは、政権のご機嫌取りになってしまった気がしますけど。

山田　そこは、ただゴマを擂ったわけじゃないと思います。8人中、民族運動期の5人はヒンドゥー至上主義者にとっては宿敵、国民会議派にいた“英雄”たちです。いっぽうモーディー首相らヒンドゥー至上主義者が偉人と讃える人たちが、同じ時代になにをしていたか知っていますか？

タポシ　なにをしていたんですか？

山田　国民会議派に対抗するためにイギリスに協力していました。もちろん全員とは言わないですけど。だから『ＲＲＲ』はヒンドゥー至上主義者への皮肉や嫌味も効かせているんです。監督は大胆不敵ですよ。現政権はそんなことは気づかないフリをして、あたかもヒンドゥー教の偉大なるラーマ神がイギリスを倒した物語であるかのように都合の良い解釈を決め込んでいますけれど。

愛国映画？　ヒンドゥー教映画？

タポシ　では山田さんが最初に見たとき、愛国主義映画には見えなかった？

山田　私が最初に『ＲＲＲ』を見たとき、まったく逆にすごくノスタルジックな映画に感じたんです。今インドは大変なことになっているけど、かつて人が理想に燃えて真剣に良き未来を信じ、そのために私利私欲を捨てて勇気ある行動をとっていた、あの時代が懐かしいなぁって言っているみたい、と。

そういう意味ではある種の愛国主義を感じます。でもそれは排他的なヒンドゥー至上主義的ナショナリズムではなく、近代合理主義精神と無神論の愛国主義です。ラージャマウリ監督がどういう思想の持ち主で、今までどういう映画を撮ってきたかを知っていれば、当然そういう解釈になると思うんですが。

タポシ　なるほど。

山田　だから私は、『ＲＲＲ』をヒンドゥー教映画として見ることはヒンドゥー至上主義者側に与する危険なことだと考えています。合理主義精神と複数の文化の融合、不正義に対するまっとうな怒り、被支配者の自立と尊厳を取り戻す戦い、そして友情の物語、そういうのがラージャマウリ監督の描いたものだと思います。

タポシ　でも映画作品が監督の意図から離れてひとり歩きするのは止められないし、それはそれでいいわけですよね。

山田　もちろんですよ。私が憂慮するのは、ラージャマウリ映画は監督自身の主義主張を汲み取らずとも、誤解したままでも楽しめてしまうこと、私はそれを"ラージャマウリ・マジック"と呼んでいるのですが、それを可能にするような"自由な誤解の余地"があえて残されているところなんです。私には監督が意図的にそうしているように思えます。

タポシ　どういうことですか？

山田　つまり、あの8人の中にパテールを入れ込むようなことをするところに、ある種あざとさを感じます。もちろん、パテールはインド独立史を語るには欠かせない重要人物です。しかし彼以外にも独立に貢献したグジャラート人がキラ星のようにいたはずだし、再発見されるべき"埋もれた"運動家もいたはずなんです。有名人パテールはもういいから、そういう人物を見せてくれればよかったのに、と思うんです。

タポシ　ぼくも実は気になっていたのが、地域的な多様性があるいっぽうで、8人が全員ヒンドゥー教徒らしい——もちろん全員が信仰深いとは限りませんが——というところなんですよね。

山田　私から言わせれば、まさにそこも"自由な誤解の余地"にあたると思います。ムスリムに扮したアクタルも、"大義"のために戦うにはヒンドゥーのビームに戻らなければなりませんでした。

　私は、監督の作風は『ヤマドンガ』（テルグ語, 2007）を境に大きく変わったと思います。この映画には死神ヤマが登場します。監督のそれ以前の作品に神話臭さはまったくといっていいほどありませんでした。ここでは深入りしませんが、監督はこの映画の成功で、いかに神話が映画の素材として面白いか、いかに観客に喜ばれるのかを目の当たりにしました。

　ラージャマウリ監督は筋金入りの無神論者だから、自分の映画が宗教主義ととられることは不本意だろうと思います。しかし“自由な誤解の余地”が、監督の本来の思想とは正反対のヒンドゥー主義に接近するのは否定しがたいことで、監督はそれを重々承知だと思いますが、危険な綱渡りをしていると感じます。

タポシ　それ、すごくおもしろいんですけど、少々政治的かつ宗教的な深刻な話にもなってきたので……いや、だからこそおもしろいんですけど、話題を『ＲＲＲ』に戻しましょう（笑）。

山田　はいそうですね（笑）。どうぞどうぞ。

「旗を掲げろ」

タポシ　**♪《エッタラ・ジェンダ》**に登場する8人を見てきましたが、最後に「血が騒いだら旗を掲げろ」という歌詞の表現について話してみたいと思います。

山田　いいですね。

タポシ　「血」については、それがいろんな感情表現や隠喩になりうるということを見てきました。そうすると「血が騒いだら」はムシャクシャしたらとかではなく（笑）、「感情が大いに揺さぶられたら」ということですよね。血について考察してきたところで、最後に**♪《エッタラ・ジェンダ》**に溢れる多幸感について少し話しました。

山田　血が騒ぐっていうのは任侠モノみたいな感じがするのに、なんでこんなにハッピーな感じになるのかという話でしたね。

タポシ　はい。あらためてそこに追加するような感じになりますけど、血に込められた怒りや悲しみ……そこに屈せず立ち上がるという血の騒ぎでもあるんでしょうけど、そこからは復讐心とかの香りが立ち込めてきます。まさしく任侠モノの香りです。

でも使命や友情、それこそ恋心に胸が騒ぐ、自分の人生を捧げても悔いはない胸騒ぎ、ワクワクドキドキしちゃってどうしようもない胸騒ぎ……そんな胸騒ぎからも血は騒ぎ出すんじゃないか。もしかしたら最後の最後で、ラージャマウリ監督はそんな思いをぼくたちに届けようとしてくれているんじゃないか。そんな気がしています。だから**♪《エッタラ・ジェンダ》**が終わると、なんだかいろいろリセットされちゃって、また最初から観ようってなるんだな、と（笑）。

山田　そうなんですね。

タポシ　それでもですね、「旗を掲げろ」っていうのには、まだちょっと違和感があるんです。なぜかというと、とにかくあの民族運動の旗がめっちゃくちゃ沢山出てきて、これでもかというくらいブンブン振り回しますよね（笑）。

山田　ああ、なにが言いたいか分かりました。それについては、私も専門家にきかないと分からないんですが、ある種の定型表現のように見えます。例えば『マハーバーラタ』では最終戦争に集まった両陣営の描写が長々とあって、そこで戦士たちが皆自分たちの旗を掲げているんです。私が読んだのは日本語訳ですが、戦場でいろんな柄の旗が色鮮やかにはためく光景がありありと目に浮かんでくるような、すばらしい筆致で書かれていました。

タポシ　そうなんですね。言われてみれば、前近代の接近戦だったら敵味方をはっきりさせるために旗は必需品なんですよね。黒澤明監督の『影武者』（1980）や『乱』（1985）で描かれた合戦のようすも、旗が印象的でした。

山田　ええ。あと「雄牛」という表現も『マハーバーラタ』にあるんです。「バーラタの雄牛よ」などと「英雄」への呼びかけに使われています。だから女性のキットゥール・チェンナンマも「雄牛」でいいんですね。

タポシ　ぼくにもインド文学の素養が多少あれば、きっと「旗」の映像表現や歌詞の言葉遣いにもピンときたんだろうと思って残念です。よく「インド映画って歌って踊るんでしょう？」って言われるとき、なんだか歌って踊ることが悪くて劣っているような響きがあって、ムッとしてしまうんですが、歌と踊りに込められた文化的背景は本当に深いものがあります。

山田　インド映画の歌と踊りのシーンは侮れないんです。私の字幕監修の時間のほとんどは歌詞の訳にかかっています。だって意外と難しいから。それは言語自体の難しさではなくて——言語自体は簡単だったりもするんですが——映像を含めて、文化の翻訳が難しいんです。とはいえ、字数が限られているので、思ったようには反映させられないんですが。

タポシ　手前味噌で恐縮ですが、ぼくは何冊か英語から日本語の翻訳を手掛けたので、よく分かります。調べても調べても、これでいいのかなという不安は完全に払拭されなかったですから。その大変さ、ちょっとだけ分かります。だからこそ字幕監修、本当にありがとうございます（笑）。

インターバル2　物語の舞台とその周辺

オールド・デリー

❶レッド・フォート

❷❸チャーンドニー・チョウク

❹チャーンドニー・チョウクの裏道

ヴィシャーカパトナムとゴーダーヴァリ河

❶❸ゴーダーヴァリ河

❷ヴィシャーカパトナム北の海岸

❹ゴーダーヴァリ河周辺の村落

インターバル2 物語の舞台とその周辺

ハイダラーバードとアーディラーバード

❶チャール・ミナール（ハイダラーバード）

❷ニザームの玉座（ハイダラーバード）

❸アーディラーバードにあるナーゴーバー寺院の本尊。ゴーンドら現地のトライブが信仰するヘビ神（ナーゴーバー）が祀られている。

第 7 章

友情と絆の物語

1　感情映画として

タポシ　ここまでテルグ語の副題にある3つのキーワード、「怒り 戦い 血」に沿ってストーリーを一周してきました。ここから最後の話題に入りますが、それはラージャマウリ監督が繰り返し強調している『ＲＲＲ』最大のテーマ、「**友情**」です。

山田　はい。『ＲＲＲ』ではラーマとビームの友情はもちろんですが、ほかにもビームとラッチュらゴーンドの仲間3人との間や、アクタルとムスリムの親方一家の間にもある種の友情というか、信頼関係も描かれています。ラーマとシータの関係は恋人同士であると同時に友でもあるし、ラーマの父ヴェンカタ・ラーマ・ラージュと母サロージニも夫婦だけれど男女を越えて同じ使命を背負った友、同志という感じです。

タポシ　そういう意味では、友情だけでなく、いろんな**絆**が描かれていますね。

山田　ええ。それと、友情と同じくらい大きなテーマとして、**父と息子の関係**があります。ラーマが最終戦争の前にエドワードに「父親と約束した」〔163分頃〕と言うところ、テルグ語では「生みの父親」とわざわざ言っています。前作の『バーフバリ』でも、シヴドゥ＝マヘーンドラは見たこともない実父のために戦いました。

タポシ　監督自身、実父のヴィジャエーンドラ・プラサード氏と近いというか、ほとんどの監督作品で原案を提供してもらいながら一緒に物語を作り上げていくんだと、あるインタビューでも答えていますから、きっとそうした父子の関係性もあるんでしょうね。

山田　私もそう感じます。ただ、息子が父親と約束したからって、正直私には「だから？」って感じなんですけど（笑）、でも母親と娘の間に特別な感情があるのは実感持てるから、きっと父親と息子の間にもあるんだろうなぁと。
　だから、インドに特有な宗教や民族性を超えた人類共通の感情が扱われているってことです。そういう意味では、スコットとキャサリンの間にもそれはあって。

タポシ　たしかに悪者同士とはいえ、仲睦まじそうにしてる場面もありますよね。ラストシーンでスコットがキャサリンの死を見て叫ぶところ、このふたりの間にも愛があったんだなあと思いましたし、登場はしませんでしたが、エドワードは薬指に指輪をしているので、彼にも妻がいたんだろうなぁと。

山田　つまり、登場人物は全員誰かとの間に絆があって、その絆には友情、使命感、男女愛、父子愛、ときには憎しみまで含めて、実に様々な感情がつきまとっている。監督はこうした**人間の普遍的な感情**こそ、自分が描こうとしているものだと以前から語っています。
　私はそれをネット上で読んでいたので、監督が『バーフバリ 王の凱旋』の宣伝プロモーションで来日されたときに、その点について質問したんです。

タポシ　おやおや、ここで未公開インタビューのトリビアですね！

山田　ははは（笑）。監督には連日いろんなメディアの方々のインタビューの予定が分刻みで入っていたんですが、どうしても聞きたかったので、字幕監修者の役得で隙間の時間に会わせていただきました（笑）。配給のツインさんと宣伝隊長の江戸木純さん、本当に感謝します。
　それで、「監督はしばしば感情を描くとおっしゃっていますが、いったい、いつ頃から、どのようなきっかけで、人間の感情というものに注目するようになったんですか？」とたずねたんです。

タポシ　監督はなんと？

山田　分からないほど小さな頃からだ、との答えでした。監督は子どもの頃、『アマル・チトラ・カター』(Amar Chitra Katha) というインドの子ども向けコミックを愛読していました。コミックにはメディアの特性上、現実にはない誇張した人間の表情やジェスチャーが描かれますよね。少年ラージャマウリは、そういう絵を見ては興奮したり泣いたり喜んだり、自分の中にものすごく感情の起伏が起こるのを感じて、いったいどうしてこんなに感情がかき乱されるんだろうと、不思議に思っていたというお話でした。

タポシ　子どもの頃から感性豊かだったんですねぇ。

山田　そして、ここから先は監督自身がほかのところでも語っていることなんですが、前作『バーフバリ』シリーズ以来、ご自身の映画作りのポリシーについて説明しています。それによるとポイントはふたつあって、ひとつは**感情を限界まで引き延ばして表現しきる**こと、ふたつ目は**その感情へ観客を動員するために、全く逆の感情を最大限、強烈に描く**ことです。

タポシ　逆の感情？

山田　監督の考えはこうです。友情や愛情や正義感といった**最良の感情は、その正反対にある最悪の感情、つまり裏切りや憎しみや不正義を徹底的に描くことによって引き出される**。これを勝手に私が『RRR』に当てはめて考えると、観客がラーマとビームの友情を最大限感じるように、監督はその正反対、最悪をふたつ配置しました。

タポシ　ふたつの最悪？

山田　ひとつは植民地支配の残虐さ、もうひとつはラーマとビームの間の裏切りや憎しみの感情です。観客は、スコットとキャサリンが酷ければ酷いほど、ラーマとビームがタッグを組んで戦うその友情を最大限に感じられ、またラーマとビームの間の裏切られた傷や悲しみが深ければ深いほど、逆にそれを乗り越えたあとの友情が最高に感じられる、という計算です。

タポシ　なるほど。スコットとキャサリンの残虐ぶりの描写は生ぬるいという話もありましたが、それでもあれくらい酷く描いたからこそ、ラーマとビーム側の正義や使命が正当なものだって感じられる。またラーマとビームが♪《**ドースティ**》で親友になったあと決裂し、その後また友情を取り戻すという展開で、観客はその友情の尊さにすっかり心酔してしまう、と。

山田　ええ。で、そうした大きな流れもそうなんですが、**感情を揺さぶる仕掛けは重層的**にもなっていて、細かいレベルでも巧妙に仕掛けられています。例えばジェイクがアクタルを侮辱すればするほど、そのあとの♪《**ナートゥ・ナートゥ**》を踊る場面を見て感動するとか、獄中のラーマがより過酷な独房に移されて苦痛で顔を歪めるほど、ビームが救出に来たときに感涙するとか、頻繁に繰り返されるんです。

タポシ　大小取り混ぜて、たゆまなく打ち寄せる波……という感じですね。

山田　ただ波というと時間差で交互にくるみたいですが、ひとつの場面で**複数の感情を同時に表現**することもあります。例えばビームが鞭打ち刑の場面で♪《**コムラム・ビームよ**》を歌う場面です。流血しながらも大地女神の微笑みを歌うビームには、苦痛と歓喜という正反対の感情があり、その同じ瞬間にラーマの方には、親友を痛めつけなければならない苦悩と、使命を遂行して着実に目的に近づいているという達成感の、やはり正反対の感情があります。

ふたりに感情がふたつずつ、つまり全部で4つの感情があって、これらすべてが歌と映像で表現されているんです。ここにキャサリンやジェニーを入れるともっと多くなります。

タポシ　だからこそ、あの、なんとも言えない、せつないような、悲しいような、苦しいような感じになるんですよね。

山田　ほかにも、ラーマがビームを逃そうとする場面で、倒れて仰向きになったラーマにビームが木片を振り下ろそうとするシーンなんかは、ビームとラーマにいったいいくつ感情があるのか、もう分からないくらいです。

タポシ　そうえいば、『バーフバリ 王の凱旋』でも監督が同じ話をしていましたよね。ヒロインのデーヴァセーナ妃が侵入者と弓矢で戦いながらバーフバリと恋に落ちるシーンのシークエンスの説明です。

山田　そうです。私もその説明を聞いて監督の手法を少し理解したんです。

タポシ　ラージャマウリ監督は、ひとつのシークエンスに様々な感情を入れ込むだけでなく、同じような境遇を違う状況や反転した立場で繰り返す「リフレイン」という、感情を昂らせるのにとても効果的な演出方法が本当に巧みです。先ほどのビームが木片でラーマにとどめを刺そうとするシーンも、総督邸での戦いのシーンでラーマが砕けた石片でビームにとどめを刺せるのに躊躇する場面のリフレインになっていますし、『バーフバリ』でも多用されていました。

山田　そういえば、あまや座で初めて『バーフバリ 王の凱旋』を上映したとき、タポシさんが書いたチラシの見出し文句は、「すべての感情を揺さぶられる娯楽映画の最高傑作」でしたよ。私は感心したんです。的を射ているなぁと。

タポシ　あ、ありがとうございます。たしかそんなふうに書きましたね（笑）。実際、揺さぶられまくっているんで（笑）。

2　最悪と最良と

山田　ここから先が肝心なところなんですが、ラージャマウリ監督は、**感情を最大限引き延ばして表現するために、それぞれに適したアクションやVFX、ダンスや歌などの演出を考える**んだそうです。

タポシ　アクションもダンスもVFXも正直かなり極端ですけど、その**極端な演出**がストーリー展開に自然に溶け込み違和感なく見ていられるのは、きちんと感情をベースに考え、それを最大限に引き延ばして届けるという演出ポリシーがあってこそというわけですね。

山田　日本の映画雑誌『ムービー・スター』（インロック, 2023年8月号）で、ファンが選ぶ好きなシーンの人気投票があったんですが、その結果がすごく面白いんですよ。1位が肩車のシーン、2位が♪《**ドースティ**》、3位がラーマがサーチライトを浴びて弓を構えるシーン、4位が♪《**ナートゥ・ナートゥ**》、5位が♪《**エッタラ・ジェンダ**》、6位が♪《**コムラム・ビームよ**》、7位が少年救出からタイトルコール……と続くんですが。

タポシ　さっきの分析で考えれば、5位以外は全部直前に最悪のシーンがありますね。

山田　そうなんです。

タポシ　肩車の前にはラーマが独房でボロボロ、♪《**ドースティ**》の前には列車が爆発して少年が遭難、サーチライトの直前にはラーマがグッタリと瀕死状態、♪《**ナートゥ・ナートゥ**》の前にはジェイクから侮辱……などなど。

山田　そう。監督が計算した感情の揺り動かしは見事に成功しているんですよ。

タポシ　それに歌が4曲も入ってる。歌じゃないところは全部アクション。歌もアクションもない通常シーンは入っていません。

山田　そういうことなんです。歌とダンスとアクションはストーリーに溶け込んでいるっていうだけでなく、まさに見どころそのものになっているんです。

タポシ　「インド映画は歌って踊るんでしょ」とちょっと困惑した表情で言われるとき、ぼくは「そこがいちばんアゲアゲになって面白いんです。インド人はむしろそこを観に行くんですよ」と言うんですけど、この人気投票はまさにインド人の映画の観方そのものですよね。いつの間にか日本人もインド人と同じように映画を観るようになってきたんですかね（笑）。

山田　もうひとつ、さっきのランキングで面白い発見があって、それは上位に入ったシーンのほとんどが最良の感情が発露する場面なんです。つまり観客は憎悪や苦痛の場面よりも、友情や信頼というポジティブな絆の場面により感動しているんです。この結果を見たとき、私はちょっと感激しました。

タポシ　つまり、監督が届けたい友情の物語がちゃんと観客に届いている！

山田　ただ、最良を感じるために最悪が必要だとすれば、人間ってなんだろうって、なにか根源的な問いを突き付けられている気がして複雑な気分にもなるんです。例えば、観客がラーマと同じように使命を大事だと感じて、なんとしてでもラーマに使命を果たしてもらいたいって応援するよう観客を仕向けるために、監督はラーマが不条理にも父を殺すというストーリーを考えたってことでしょう？　父殺しですよ。どうです？

タポシ　たしかに、究極の設定ですよね。さっき、父親と息子の間には特別な感情があるって言ったばかりでしたが、その前提で父殺しが使命達成への最初の、不可避なミッションというのは、これ以上のひどい話はないんじゃないかというくらい、悲惨な話です。こんな設定を使ったら、次の作品で監督が使える設定がなくなっちゃう（笑）。

山田　私もそこ、実はすごく気になってるんです（笑）。

タポシ　でも、そういう筋運びはドラマの普遍的な文法ですし、王道でもあります。戦争や犯罪、サスペンスやミステリーなどの映画がぼくたちの感情を揺さぶってくるのも、そういう理屈だと思います。ですから、『ＲＲＲ』は王道中の王道と言えます。

山田　その点、身近な友人に良い言葉をもらいました。**暴力や死といった極限状態にこそ人間の命の輝きが立ち現れる**ことは否定しがたいと。でもまあ、過激なアクションや流血に耐え切れず途中で席をたった人もいたということなので、そういう人たちに対しては監督の作戦は失敗だったんでしょうけどね（笑）。

タポシ　最悪によって最良を感じたりできないし、したくもない。人間のネガティブな側面や負の感情を見たくないし、味わいたくもない、というのも理解できます。そこはまあ、映画をどう見るかは自由なんで仕方ないですね。

山田　そう、そのとおり。

3　終わりのない物語

山田　感情のシーソーというかジェットコースターというか、そういうのは実はテルグ語映画の際立った特徴のひとつだと思います。以前『ユリイカ』（青土社, 2018年6月号）でも書いたんですが、ある場面でヒーローがロマンス全開でダンスを踊ったかと思ったら、その直後に凶暴なアクションで暴れまわり、そこへ突如コメディアンが現れるも次の場面では泣いている、といった具合で、1本の映画に過剰な場面展開と過剰な演出が押し込まれるんです。

タポシ　それは、程度の違いはあれど「**マサーラー映画**」と呼ばれる、インド娯楽映画の特徴でもありますよね。いろんな要素を入れ込んだミックス・スパイスのようなオールジャンル——結果、ノージャンル（笑）——な映画ということで。

山田　マサーラー映画の特徴として、よく『**ナーティヤ・シャーストラ**』（Natya Sastra）が引き合いに出されます。

タポシ　インドの古典演劇理論ですね。そこではナヴァラサについての説明があって、ナヴァラサとは「9つの感情」、つまり恋情、滑稽、憤怒、悲愴、嫌悪、恐怖、勇猛、驚愕、平安で、映画のジャンルに当てはめるとロマンス、コメディ（喜劇）、復讐劇、悲劇、勧善懲悪劇、ホラー、アクション、サスペンス、ハッピーエンドとなりますかね。

ひとつの映画にこれらすべてがあるのが良しとされる。ラサは元来味覚や香りを意味しているようなので、まさしくミックス・スパイス！つまり、インド映画においても、あらゆる感情を観客に体感させるという美学が踏襲されていると。

山田　テルグ語映画は、この中のアクションとコメディの役割が大きいのが特徴といわれてきました。1990年代以降グローバル化の影響で、インド映画の全般的な傾向としてマサーラーの要素がずっと後退してきていますが、テルグ語映画も例外ではなく、『ＲＲＲ』には専業コメディアンは出てこないし、ロマンス要素も少ない。それに対してアクションがハリウッド映画のように肥大化している。なので、私にとってみれば、『ＲＲＲ』はかなり**グローバル・スタンダードに寄った作品**なんですよね。

タポシ　ではラージャマウリ監督のことを、もういっそ**アクション映画監督**と呼んじゃっていい？

山田　私の中では以前からアクション映画監督です（笑）。だって全部アクションありきの映画でしょう？　アクションが感情表現の中心を占めているし、いちばん神経と時間とお金をかけているじゃないですか。ひとむかし前のインド映画が一番予算と時間をかけたのは歌とダンスだったんです。ワンカットずつ全部ちがう外国の世界遺産の前でロケするとか（笑）。今ではそれがアクション・シーンのVFXです。

タポシ　『ＲＲＲ』もアクションとそのVFXに多大な予算を割いただろうことは一目瞭然で、ラーマvs1万人の戦いの場面や鉄道橋の場面を見れば分かります。これに比べればロマンスなんてないに等しく、ヒーローとヒロインは一緒に踊りません。

山田　ただ、『ＲＲＲ』がやっぱりインド映画だなあと思える面もあって、それはラージャマウリ監督がなんのためらいもなく説明するように、**人間のもっとも悪い感情、殺意とか憎悪とか、そういうものすら良い感情と同様に表現の対象**になっているところです。

ナヴァラサの中には憤怒とか嫌悪とか、悪い感情も含まれていますよね。どんなに悪い感情でも、良い感情と同じく描かれなくてはならない。無視や抑圧の対象ではないんです。もちろん演劇の中の話ですが。最悪の感情を現実社会で実践したらひどいことになってしまう（笑）。

タポシ　それはもしかして、ヒンドゥー教の世界観とも関係あるんですかね。**ヒンドゥーの神々は善でも非暴力でもない**し、人間と同じように暴力を振るうし、殺したり、殺されたりしますからね。

人間が持っている感情はすべて神々も持っていて、下手すると人間よりよっぽど人間っぽい(笑)。『ギーター』では、戦いたくないというアルジュナをこんこんと説得して戦争に向かわせるのは、ほかならぬクリシュナ神ですもん。

山田　私はインド哲学や文学にはまったく暗いので、ここから先は勝手な妄想なんですが、ネガティブなものも含めてすべての感情を受け止めるっていう見方は叙事詩の、特に結末に帰着してる気がして、ある種インド的な**宿命観**というか**終末観**なのかなと感じています。

タポシ　というと？

山田　二大叙事詩ではどちらの大戦争の勝者にも暗い結末が待ち受けていますよね。『ラーマーヤナ』では、シーター姫は本当はラーヴァナと浮気をしたのではないかと疑われてしまって、彼女は火の中に入って身の潔白を証明しなければならず、その後もふたたび疑われて、最後は大地の中に永遠に消え去ってしまいます。『マハーバーラタ』の最後ではアルジュナたちヒーローは全員死んで、そこに殺伐とした風景が描かれます。

つまりどんなに華々しい勝利でも、その先には勝者も敗者もない、なんだかモヤモヤする闇みたいな世界が残るっていうことが、最初から了解されているんです。

タポシ　いわゆる“焼け野原”ってやつですね。だからといって悪い感情が肯定されるわけではないですよね？

山田　肯定されるのではなく、そのような感情が存在するということが否定されないんです。だって、善人も悪人も最後は同じように滅びるんですよ。**良い感情と悪い感情の間に究極的な勝ち負けはない**んです。善悪の向こう側――誰かの文学のタイトルではありませんが――

の、**無常**だけがあるんです。

タポシ　無常……実はぼくが真剣にヨーガ行者として出家しようとした動機とそれは密接に関係しています。なぜか十代からそういう無常観に苛まれてしまって（笑）。だからこそ原始仏教含め、インド哲学に惹かれていきました。そこで示されている世界観の底流には無常観が間違いなく流れていると思います。

それと「死」についても、忌み嫌い、怖がるものであると同時に「生は苦」でもあり、生の輪廻から解放されるならば、それは救済でもあるという死生観が貫かれています。少し極端な例かもしれませんけど、インド人の観客の中には、こうした世界の捉え方や観方を感じ取っている人はいるかもしれません。

山田　テルグ人なら、本当のラーマとビームはイギリス人に捕らえられて、志半ばで非業の死を遂げたんだってことを、最後まで忘れているわけではないです。テルグ人以外のインド人なら、スバース・チャンドラ・ボースやバガト・シンにどのような最期が待っていたかは当然分かっています。

タポシ　だとしたら、あの多幸観溢れるエンディングの♪《**エッタラ・ジェンダ**》の先には描かれなかった暗い結末があって、こんなハッピーエンドじゃ終わんないよねーって、インド人の観客は見ているんですか？

山田　悲劇を受け入れた上での、ひとときの夢のフィクションですかね。インド映画になぜハッピーエンドが多いのか、その理由が日々の現実が過酷だからだと説明されたことも過去にはありました。それが当たっているかどうかは分かりませんが、少なくとも観客が、**『ＲＲＲ』はあれで終わりではないしあれだけでもない、過程であり部分なんだ**と思っていることは、じゅうぶんあり得ると思います。だって、最後スコットたちは倒されたのに、ラーマとビームはもう次の戦闘の準備をしているでしょ。

タポシ　あそこ、なんで戦争終わったのに武器を持って帰るのかな、村人との約束のためだけに？って不思議に思ったという感想が散見されたんですが、インド的な無常観や宿命観を重ね合わせつつ、その先につづく、あるいは別の展開を思い描いてみると、物語の広がりや深みが増してくる気がします。

山田　インドの叙事詩には無数の枝物語があって、すべての物語はどこかで別の物語につながっているから、『ＲＲＲ』の続編が作られるか分かりませんが、でも本当に作られるかどうかは問題ではなくて、たとえ作られなくてもどこかにあるって感覚でいるとかね。

タポシ　そうかー。でも本当に『ＲＲＲ』の続編、作られるんですかね。

山田　いや、だから作られなくてもいいんですよ。どこかにあるって思っていれば（笑）。

4　男たちの絆、そして女たち

山田　ここまでもう男たちの話はさんざんしてきたので、最後にちょっと女たちにも目を向けたいと思います。

タポシ　同じ監督の前作『バーフバリ』シリーズに比べて『ＲＲＲ』では女性が活躍しないという感想も多いですし、実際『バーフバリ』のデーヴァセーナ妃や国母シヴァガミに比べると、シータとサロージニの出番は少なく、あまり活躍していないように見えますからね。

山田　男たちの絆の感情が、宗教とか民族を超えた普遍的な人間感情として扱われているという話をしましたが、私はこの絆をより広い“**人間の絆**”と一般化して言い換えられるかどうかを考えてみました。

タポシ　『ＲＲＲ』は人間の絆を描いた映画と呼べるかどうかを考えるためにも女性の描かれ方を振り返ろうと。

山田　ええ。まずシータとサロージニですが、このふたりは未来の姑と嫁ということは描かれているものの、感情的な結びつきはあまり強く描かれていません。それよりも、シータはラーマとの絆、サロージニは夫との絆の方がきっちり描かれています。つまり、女同士の絆はなく、男あっての女と男の絆しか描かれていません。

タポシ　そうですね。

山田　そして、サロージニは夫から「俺の戦いは お前の戦いだ」〔107分頃〕と言われ、シータもラーマから「お前の勇気が 私に勝利をもたらす」〔139分頃〕と言われます。そう言われたとたん、彼女たちの表情が責任ある使命を託されたような、決意と誇りを浮かべた表情になります。つまり女たちに主体性はなく、男から与えられた使命を生きがいに自分の人生を生きるんです。明らかに男性中心の描き方ですよね？

タポシ　ええ、まあ。

山田　ほかでは、例えばロキもシータと同じように、あたかも銃後の女たちのように故郷でただ男たちの帰りを待っているだけです。

タポシ　ちょ、ちょっと待ってください。これ、いちおう自分は男性として生きているんで少々バツが悪い気がしてくるんですけど、あえて、世の男性が言うであろう問いを想像し、厳しい反応を承知のうえでそれを振りますが、これ、そういう時代だったという話にしてはダメなやつですよね（笑）？

山田　ダメなやつですね（笑）。それはふたつの点でダメです。まず、以前に史実として貧困層の民衆蜂起や反乱があった話はしましたよね？あの中には当然女性がいました。2点目は、しょせんはフィクションなのに、なぜここだけ時代考証に合わせる必要があるのかという点です。たしかに当時、男性同様の活躍をした女性は圧倒的に少なく、シータやサロージニのような女性ばかりだったとしても、です。

タポシ　とすれば、ラージャマウリ監督が意図的に女性の活躍を少なくしたと？

山田　そうです。問題は映画の作り手側がなにをどう取捨選択したのかです。つまり**男たちの友情を最大限引き延ばしてきらびやかに見せるために、その周囲にいる女たちに主体性があってはダメだ、男たちに従属する女たちの方が男の友情を引き立てられる**という判断だったのか、そこがひっかかるんです。だって、私だったらそんなふうに考えないから。

タポシ　そこ、たしかに気になりますね。

山田　それに、せっかくシータをアーリヤー・バットに演じさせたのに（笑）。子どもの頃から許婚にべったりで、じっと故郷でラーマの帰りを待っていて、死刑の通知が来たらメソメソと遺体を引き取りに行く、そんなの彼女には役不足だと思いませんか？　なんだったらデリーに行って、男たちと一緒に大暴れしても良かったんじゃ？

タポシ　ということは、やはり『ＲＲＲ』は女性の描き方に問題あるというご意見なんですね。

山田　そこだけ妙に作り込み方が雑、陳腐というか。シータとサロージニを男に従順な女たちにしたからといって、その分ラーマとビームの友情やヒーロー性が高まったりはしなかったのに、と思います。

でも監督は強い男性と強い女性を同時に引き立て合う者として描くこともできる人だと思うので、本当は違う筋書きだったのがコロナのせいで変更されたんじゃないかとか、あれこれ憶測せずにはいられません。

タポシ　実は『ＲＲＲ』に対して女性が活躍しないという意見を耳にしたとき、今の視点でむかしの話を批判するのは、ちょっと違うかなと思ったんです。でも、ノン・フィクションでもない以上、むかしの時代の話なんだから差別ありきの話でオッケーというわけにはならない。物語の設定に意味や意図がきちんとあって、そうした作り手の意図が観客に伝わらないと、こんなふうに批判されるんだ、というのがよく分かりました（笑）。

山田　『ＲＲＲ』の女性問題に端を発して、もうひとつ考えさせられた点がありました。それは、今言ったばかりのことと矛盾するように聞こえるかもしれないですが、サロージニが「俺の戦いは お前の戦いだ」と言われ、シータも「お前の勇気が 私に勝利をもたらす」と言われて、彼女たちの表情に決意と誇りが満ちる、その演技を見たとき、現実問題として**そんな女たちの人生にもかけがえのない尊厳がある**ことに変わりはないと思ったんです。

タポシ　ええと、女性が主体性のない人間として描かれたことは残念だし、製作者側の女性への偏見を感じるけれども、でもその偏見で描かれた女性像にはリアルがあって、彼女たちなりに尊厳をもってその「生」をまっとうしようとした、そこは批判できない、ということですね？

山田　そうです。実際にシータやサロージニのように生きた女たちのことを考えたんです。

タポシ　それはぼくからすれば、まさに『ギーター』の世界ですよ。自分が果たすべき役割を粛々と生きることが正しいという考え方ですよね。そしてその役割は、生まれながらとか運命とか神とか、なにか自分を超えたものから決められるのだという宿命観。

山田　そう。その点では、実は**「使命」や「大義」を託される男たちも同じ立場**にいて、父親から使命を託されるラーマ、共同体から使命を託されるビームも同じだといえます。ラーマは家父長主義的な権力関係の中に、ビームは因習的な共同体のしがらみの中にいるんです。もちろん、本人たちはそれを押し付けとか迷惑だとか思わず、逆に誇りと生き甲斐にしているんですが。

タポシ　そんな彼らの人生にもかけがえのない尊厳がある、ということですよね。

山田　そうです。それを現代の西欧近代的な自己決定や個人の自由の観点から批判することはできますが、それだってひとつの価値観に過ぎないでしょう。そういう問題を突き付けてくるところに、インド人の作った映画らしさを感じます。

　ただそれでも、男たちにはまだ使命や大義について悩んだり考えたりする主体性と自由があって、女たちよりも選択肢のある人生を歩んでいることには変わりはないんですけどね。

タポシ　じゃあ結局、『ＲＲＲ』で描かれている友情とはあくまで男たちの友情であって、それを"人間の絆"と一般化はできないという結論ですか？

山田　残念ながら。でも、そこはやっぱりラージャマウリ監督のことだから、ただじゃ終わらないんですよ。実は、『ＲＲＲ』には**使命や大義を背負った男たちと女たちを超越した人物**がひとり、いるんです。

タポシ　おぉ、誰だろう……あっ！？

山田　ジェニーです。彼女だけが、終始自由にものを考え、発言し、行動します。**主体性と自己決定力、批判力のある、自由な人間**として描かれています。しかも女です。いったいどういう経緯で兵舎の配置図をリークし、総督邸から脱出してビームらに合流したんでしょうねぇ。

タポシ　ここでまさかのジェニーの登場（笑）。

山田　だから私は、『ＲＲＲ』に続編が作られるとしたら、ぜひ彼女を主人公にして欲しいなぁと思います（笑）。

タポシ　ラージャマウリ監督は、『ＲＲＲ』のキャラクターの中で、いちばん好きなのはジェニーだと言っていました。

山田　監督が？　やっぱりね。本当は強くて自由な女性が好きなんだな（笑）。

タポシ　日本公開時に新宿ピカデリーで行われた舞台挨拶でそう言っていたんですが、理由までは言及していませんでしたね（笑）。

山田　じゃ、理由を直接聞くまではそういう理由ってことで（笑）。

5　ふたりの男、ふたつの州

タポシ　ついにぼくたちの対話も最後になりました。この映画の字幕監修者である山田さんはこの地域の研究者でもあるので、専門家として見た場合になにが読み取れるのか、またどんな批判点があるのか、それをお聞きします。

山田　はい。それはこの対話のはじめの方でも触れましたが、監督が『ＲＲＲ』製作の理由のひとつにあげていた、**テルグ語州の分離問題**と関係しています。

タポシ　それは2014年にアーンドラ・プラデーシュ州からテランガーナ地域が分離した事件ですね。

山田　そうです。ラージャマウリ監督一家もそうですが、テルグ語映画産業自体は沿岸アーンドラ地方の出身者（アーンドラ人）で占められています。映画産業だけではありません。ハイダラーバードやその周辺に住んでいる多くの恵まれたエリートたち、つまり沿岸アーンドラ地方から来た移民やその子孫たちが、ほぼすべての分野で活躍し豊かになった、これがテランガーナ人の大きな不満でした。アーンドラ人とテランガーナ人の間には、ざっくりいうと階級的な分断があるんです。

タポシ　だから、アーンドラ地方代表ラーマとテランガーナ地方代表ビームの友情物語を作ったというわけですね。

山田　ええ。それで物語の設定がどうだったかというと、アーンドラ代表のラーマは兄貴的存在で、上位カースト出身で、高等教育を受けた人物。テランガーナ代表のビームは弟分で、トライブで、読み書きも知りません。ラーマは複雑な感情の動きのある人間で、ビームは単純な感情の動きしかない人間に描かれています。

タポシ　アーンドラ人の上から目線であると？

山田　そうです。**アーンドラ人のアッパー・ミドルクラスがテランガーナ人に対して思っているその本音の一端が如実に表れている**んです。ラーマはもっぱらビームに教える側です。ジェニーへの近づきかた、西洋風のスーツや髪型、銃の使い方、識字、そして「大義」。最終戦争で総督邸に乗り込むときも、最強兵器になるビームのバイクを飛ばすときも、スコットを撃ち殺すときも、号令を出すのはいつもラーマです。

いっぽう、ビーム自身も「俺は森で生まれ…無知だった」〔152分頃〕と言い、シータに対しても自分を「目覚めさせてくれた」〔156分頃〕と言って、感謝するばかり。

タポシ　つまりアーンドラ人には、自分たちがテランガーナ人を教え導いてきたんだ、という自負心があるんですね。

山田　そうです。ビームは二重に被害者です。まずゴーンド人なのに言語的にテランガーナ人にさせられたこと。喋っているのはテランガーナ方言のテルグ語ですから。

タポシ　ビームの母語がテルグ語かどうかは問題だという話がありましたね。

山田　現在アーディラーバード地方のゴーンド人がテルグ人に同化しつつあるのは事実だと思いますが、過去も今も、ゴーンド人をテルグ人と見なすのは不適切に思えます。

被害のふたつ目は、ゴーンド人がヒンドゥー教徒だったかどうかも学術的には論争があるのに、『ＲＲＲ』では大地女神信仰をヒンドゥーの叙事詩世界に回収してしまったことです。

タポシ　そうか。大地女神の信仰はヒンドゥー教とはいえなかったかもしれないんだ。

山田　そしていちばん問題があるのは、「水と森と土地を」というスローガンの扱いです。これは実在のコムラム・ビームが、後にゴーンド人の反乱を組織したときに実際に唱えたスローガンで、アッルーリ・シーターラーマ・ラージュの言葉ではなく、なんの関係もありません。それを、あたかもアッルーリ・シーターラーマ・ラージュがビームに授けたかのような話に作り変えたんです。こういうのを“**文化の盗用**”といいます。

タポシ　そうだったんですね。なぜそんな変更をしたんでしょうね？

山田　沿岸アーンドラ人は独立運動の時代から、テルグ語を母語とするすべてのテルグ人のための州の実現を求めて戦ってきました。インド独立後やっとひとつの州、アーンドラ・プラデーシュ州を獲得し、その後半世紀にわたって州の政治経済文化、ほぼすべての分野で中心的な役割を果たしてきました。彼らにはその自負もあります。そんな彼らにしてみれば、テルグ人の民族的一体性は当然のこと、その分裂は悲劇的なことなんです。

タポシ　テランガーナ人には、同じテルグ語を話すテルグ人という民族意識はなかったんですか？　同じ言語なら一緒でいるのは当然にも思えますけど。

山田　それがまさにアーンドラ人の考えでした。でも、テルグ人の一体性の名のもとに、テランガーナ人に対して差別と搾取があったことは事実です。分離運動の起源は古く、半世紀以上続き、多くの犠牲、死者を出しました。その間も差別と格差は解消されませんでした。差別と格差の問題がなければ、双方が同化して分離問題は消滅していたでしょうが、そうはなりませんでした。

タポシ　すると、最後までアーンドラ人とテランガーナ人は、兄弟としての真の絆は結べなかったんですね。さっきの話ではないけれど、悲しい結末が待っていたわけだ。

山田　本当に悲しいのは、アーンドラ人が今でもこんな――『ＲＲＲ』で恥ずかしげもなく吐露してしまったような――気持ちでいることだと思います。私は、これだから出て行かれちゃうんだよなー、結局分かんないんだなー、って思いました（笑）。

タポシ　ということは、山田さんは分離に賛成だったんですか？

山田　そりゃそうです。だって、テルグ語州がふたつになるんですよ。ひとつの地域語が複数の州のメインな公用語になっているのはそれまでヒンディー語だけでした。テルグ語より人口の多いベンガル語やマラーティー語だって州はひとつだけ。でもテルグ語には2州ある。良いと思いませんか？

タポシ　ええと、実はベンガル語も2州で州のメインな公用語になっていますね（笑）。

山田　ええっ、本当に？　西ベンガル州以外にあるの？

タポシ　トリプラ州です。北東地方の小さな州です。それこそむかしは藩王国でした。

山田　それはうかつだったー（笑）。まぁそれでもいいです（笑）。もちろん、個人的にはまさか本当に分離する日が来るとは思っていなかったのでショックは受けましたが、でもテランガーナ州が出来て良かったこともいろいろあります。ラージャマウリ監督がコムラム・ビームを主役にしようなんて、もし分離騒動がなければ考えもつかなかったと思いますよ。もちろんビームの設定に問題はありますが、誤解は無視に勝るでしょう。今度こそ対等な兄弟になる歴史の一歩が始まったと期待したいところです。

タポシ　テルグ語映画の今後はどうなるでしょうか？　ハイダラーバードはテランガーナ州単独の州都になるんですよね。ラーモージ・フィルムシティをはじめ、大きな撮影所や主な映画会社は、今までずっとハイダラーバードやその周辺にありましたよね。

山田　今アーンドラ・プラデーシュ州の州都はアマラーヴァティに移るところです。ハイダラーバードは今後もテルグ語映画産業の中心であり続けると思いますが、その先、テルグ語映画の都は複数になるかもしれません。でもそれをうまく利用して、これまで以上に多様なテルグ語映画が沢山作られるといいなと思います。

タポシ　ぜひ、そうなって欲しいですね。そして面白いテルグ語映画が沢山作られて、それが日本でも公開されることを願います。

山田　ええ。そして、まだもう少しの間、私に字幕監修の仕事が回って来ることを（笑）。

タポシ　ぼくのインド映画紹介の機会も増えることを（笑）。

エピローグ

タポシ　ぼくたちの話はこれでおしまいです。最後までお付き合いいただき、どうもありがとうございました。最後に、お世話になった方々にひとことずつ感謝を述べながら、ご紹介したいと思います。

最初はなんと言っても**あまや座**さんの大内支配人です。『バーフバリ王の凱旋』以来、ぼくたちのトークを開催してくれています。

山田　私はテルグ語映画が日本でこれほど話題になる日が来るとは思わなかったので、電車が1時間に1本以下でSuicaも使えない田舎の、小さな小さな映画館で『バーフバリ 王の凱旋』が最初に上映されたときは、言葉では言い表せないくらい感激しました。

タポシ　絶叫上映と山田さんの解説を一緒にやりたいという企画を持ち込んだとき、たしか大内さんはまだ『バーフバリ』を観ていなかったはずで。観てもらったら「すごい映画ですね！」とすぐにノッてくれました。作品に力があるのは間違いないですが、大内さんのそれを見抜く見識と柔軟な考え、なにより映画への情熱があってこそだと思います。インド映画以外のプログラムも素晴らしいので、ぜひ皆さんに応援して欲しい、たいせつな映画館です。

大内支配人はバーフバリ以降、ぼくたちにかなり自由にやらせてくれています（笑）。ふつう映画上映後のトークといったらせいぜい20分とかなのに『ＲＲＲ』のときは50分。ここで長く喋ったことが、その後のトークイベントにつながったんだと思います。感謝です。

山田　本当にありがとうございました。時系列順になりますが、あまや座での初回トークのあとにお世話になったのは、水戸のカレー屋さんの**カルマ**さんです。私たちがいつも打ち合わせや打ち上げで行くお店です。このときは、『ＲＲＲ』用の特別な記念メニューを考えてくれました。

タポシ　ぼくにとっては、普段から美味しいベジタリアン・メニューにありつける貴重なお店です。Rさん、Nちゃん、いつも美味しい食事をありがとうございます！

次のトークでお世話になった**まちポレいわき**さんは、2022年11月に上映した『マガディーラ 勇者転生』からのご縁です。沼田支配人はインド映画の上映にもとても積極的で、福島を盛り上げていらっしゃいます。

山田　本当に感謝です。東北や北関東の各地からもお客さんが来てくれましたね。トークのときには地元の**すえつぎCAFE**さんがカレーを出してくれました。

そしてその次は、なんといっても**魅惑のテルグ映画**さんです。当日のイベント名は「魅惑のテルグ映話」でした。普段からテルグ語映画の自主上映をされている頼もしい方々です。

タポシ　ここで個人名は出しませんが、何人ものスタッフの方々が関わってくださり、会場の選定から下見、当日の運営など一切合切を見事に仕切ってくれました。この本を出すきっかけもここからでしたよね。

山田　そうです。2時間分のトークの準備をするうちに、これは1冊くらいになるんじゃないかと思えたんですよね。だから恩人です。

タポシ　次の大阪のトークイベントの主催は**魅惑のテルグ映話WEST**さんですね。ここでも多くの方がスタッフとして協力してくださいました。自分たちが関東在住なので代理で下見にも行ってくれました。当日も会場で椅子を並べるところからやらなくてはならなかったんですが、なんのトラブルもなく、東京と同様にとても充実したイベントにしてくださいました。大阪、ぼくはつい延泊してしまいましたからね（笑）。

山田　質問表を配って集めたりもしてくれました。このときの質疑もこの本の執筆の参考にさせていただきました。時間が長いぶん、より多くの作業もあったし会場も大きくて大変だったんですが、皆さん初めてとは思えない、見事な運営ぶりでした。感謝です。

タポシ　ほかには写真の掲載を快く許可してくれた友人たち、『ＲＲＲ』ファンの方々もいますね。菊池さとみさん、魅惑のテルグ映話の皆さん、平山太市さん、うっしーさん、ありがとうございました。トークイベントに来てくれた方々はもちろん、その後もぼくたちの話に付き合ってくれた方々、オンラインでもオフラインでも励ましてくださった方々、皆さんに感謝です。

　地元茨城では、リアルに集まれるインド映画好きのネットワークも生まれています。ですから、この本が全国のインド映画ファンのネットワークを広げていく一助になれば、これ以上の喜びはありません。

山田　最後になりましたが、最初はせいぜい同人誌かなとも思っていた原稿に（笑）、出版の話を持ちかけてくださった編集者の安宅直子さん、そして本書を本当に出版してくださったPICK UP PRESSの木田社長さんはじめ、関わってくださったすべての方々に、お礼申し上げます。

タポシ　本当にありがとうございました。またどこかのトークでお会いしましょう！

山田　お会いしましょう！

付録 アッルーリ・シーターラーマ・ラージュとコムラム・ビームの生涯

山田 桂子

歴史上のラーマとビームについて分かっていることは数少なく、また分かっていることにも矛盾する諸説があり、多くの謎に包まれている。ふたりに共通して判明している唯一のことは死亡した日時と場所で、それは警察に射殺された際の記録が残されたからである。『ＲＲＲ』のラーマとビームは銃でイギリスに勝利するが、実在のふたりは銃で敗れ去ったのである。

アッルーリ・シーターラーマ・ラージュ

アッルーリ・ラーマ・ラージュは1897〜98年頃、沿岸アーンドラ地方のアッルーリ家に生まれた。出生地には諸説ある。3人兄弟の末っ子で、上には兄と姉がいた。父ヴェンカタ・ラーマ・ラージュはラーマ・ラージュが8歳の頃に亡くなった。以降、母方の親類の世話になり、主に叔父からの養育を受けたようである。母方の実家があるヴィシャーカパトナムの背後には東ガーツ山脈がそびえていた。少年時代、学業成績が優秀だったという話はなく、退学と転校を繰り返して各地を転々とした。しかしそのいっぽうで頻繁に山脈の奥地を訪れ、トライブのコーヤ人らと交流するようになっていった。

現地で流布している逸話では、青年ラーマ・ラージュには富裕な友人の妹でシータという恋人がいたが、彼女は亡くなってしまった。それ以来自分の名前に彼女の名前を加え、死ぬまで恋人を作ることも結婚することもなかった。現地のテルグ人はこんにちまで彼の名をアッルーリ・シーターラーマ・ラージュとフルネームで呼んでこれ以外の名前で呼ばず、また同じ名前で呼ばれる人物はほかにいない。

映画の中の理知的なラーマとは異なり、実在のラーマ・ラージュは西洋的学問や文化に対して反感を持っていた。サンスクリット語やアーユルヴェーダ、占星術などインド古来の学問に傾倒し托鉢僧（サニヤーシー）となって北インドの聖地へ巡礼の旅に出る（『ＲＲＲ』の話はこの期間にあたる）。当時、インド国民会議派が指導する反英運動が全国的な反響を呼んでいた時代にあって、ラーマ・ラージュも各地の政治集会を訪れ、革命家や民族運動家らと直接交流するようになっていった。彼が後に率いた反乱、ランパ蜂起も、基本的には1919年にガンディーが開始した非暴力運動の延長線上にあったものである。

19世紀、イギリス植民地政府はインド各地で森林資源を占有し開発を推し進めた。東ガーツ山脈のトライブは移動農業や牧畜で暮らしていたが、政府は彼らを森から追い出し二度と入れないようにした。生活基盤を奪われた人々は行き場を失い、しばしば道路建設の労働者となるよう仕向けられたが、それは先祖伝来の森を自らの手で伐採し“よそ者”の手に渡すためのものであった。政府は暴力や強制力を用いて彼らを酷使し奴隷状態にも追い込んだ。北インドから帰還したラーマ・ラージュの目に映ったのは、このような人々の悲惨な姿だった。

ラーマ・ラージュはヒンドゥー僧の装束でコーヤ人の前に現れ、清貧な生活を実践しながら苦境にあえぐ人々に対して禁酒を説き、占星術や奇術を行い、病人を癒したりマントラを授けたりしたので、しだいに本物のラーマ神と見なされるようになっていった。彼に布施を行ったり礼拝したりする村人の誤解を、自ら正そうとすることはなかったといわれる。ただし、最終的に彼が反乱の指導者になったのは自らの意思という以上に、周囲のコーヤ人によって指導者に仕立て上げられたからだったという点は興味深い。彼がトライブに権利とはなにかを教え、警察とキリスト教徒への抵抗を説いていたとき、東ガーツ山脈のトライブにはすでに100年近い反英反乱の歴史があったのである。

ランパ蜂起は1922年8月、約200人（一説では500人）による警察派出所襲撃から始まった。以降、各地の派出所を襲撃したが、それにはいつも決まったパターンがあり、まず守衛と警官を捕まえて柱に括りつけ、次に武器庫から武器を奪取し、最後にその武器リストと挑発的な挑戦状を書き残して立ち去るというものである。ここでの流血はほぼなかったが、しかし森でゲリラ戦を展開したときには双方に死傷者を出した。警察側の司令官にはスコットという名前の者もいた。ジャングルになじみのないイギリス人は交戦以前にトラに食われるなど劣勢を強いられたうえ、地元民は政府に敵対的で協力を拒んだ。多大な犠牲を出したためについには軍隊が動員され、ラーマ・ラージュの首には高い賞金が懸けられた。

ラーマ・ラージュが最後になぜ、どのように捕らえられたのかは分かっていない。森で偶然発見され捕まったとも、反乱に疲れて自首したとも、コーヤ人の誰かが"売った"とも、逮捕後に逃亡を企てたとも、命乞いをしたとも、またそのすべてが嘘だともいわれる。いずれにしろ、1924年5月7日連行後まもなく射殺された。確実に死ぬまで無数の銃弾を浴びせられ、写真を撮られ、遺体は各所に引き回された。遺体を見たコーヤ人全員がそれをラーマ・ラージュと認めて、初めて政府側は猜疑心と疑心暗鬼から解放されたという。2年に及ぶ反乱の壮絶さを物語るエピソードである。

コムラム・ビーム

コムラム・ビームについてはラーマ・ラージュよりもいっそう分かっていないが、一般に信じられている彼の生涯もまた劇的である。ビームは1900〜1901年頃ハイダラーバード藩王国北部アーディラーバード地方に生まれた。弟のひとりはジャングという名前だった。アーディラーバードのあるデカン高原は18世紀までゴーンド人が独自の王国を築いて繁栄し高い生活水準にあったが、植民地支配のもとで貧困化していったという点で研究者は一致している。この地でも19世紀にはすでにゴーンド人の反乱が起こっていたので、ビームも幼少の頃からその伝説的指導者ラームジー・ゴーンドについて聞かされて育ったという説に、なにがしかの真実はあるかもしれない。

20世紀、イギリスの傀儡である藩王ニザームもまた森林地帯を占有するために役人や警察を使って課税を迫りトライブを先祖伝来の地から追い出そうとし、拒否すると手指を切断するなど暴力的報復を行い圧政を極めていた。ゴーンド人の奪われた土地は平地の有力商人や豪農らに転売され、大量の"よそ者"が流入したことで森の景観は一変した。近代的土地所有概念を持たないゴーンド人と"よそ者"との間には深刻な軋轢が生まれ、ビームの父もビームが15歳のとき、森林警察によって殺害された。ビームは母と弟とともに故郷を追われ、親類のいる別の地に移り住んだが、そこにも新しい地権者が現れ、ビームは追い立てに来た役人を抗争の最中に殺害してしまう。

そこから逃亡劇が始まった（『RRR』の話はこの期間にあたる）。最初、ある反英運動家の家に匿われたが、その運動家が警察に逮捕されたためビームも逃走した。偶然駅で出会った男と列車に乗り込みアッサム地方まで逃れると、行きついた先の茶農園で4年半働いた。しかし悪徳農園主に対して労働運動を起こしたため逮捕、投獄され、その4日後に脱獄して逃走した。各地を転々としながらアーディラーバードへ戻って来たとき、もともと無学だったビームは母語のゴーンド語以外にテルグ語、ウルドゥー語、ヒンディー語、多少の英語も身につけ、独立運動や共産主義、土地に関する法律についても理解するまでに成長していた。

帰郷後のビームが最初に住んだ村にはラッチュという名の有力者がいた。ビームはラッチュを助け、土地紛争をめぐる裁判を勝利に導いたことから人々の信頼を得るようになった。ビームはこのラッチュの仲介で結婚し、夫婦で安住の地を求めてバーベージャリという村に移住したが、しかしここでも政府の追い立てが始まった。政府はかわりに近隣の土地との交換を提案し、ビームはいったん合意してそこへ移り住んだが、しかしその後も繰り返し法外な賄賂を要求され事実上の立ち退きを迫られた。藩王ニザームに陳情を試みるも叶わず、その間新しい地主が土地を強制収容しようとしたため、ついに暴力以外に道はないと確信し、蜂起するに至った。

1928年地主の襲撃に成功したビームのもとには、隣接する12県から同様の問題を抱えたトライブ地域の指導者が集結し、「水と森と土地を」をスローガンに、およそ300人のゲリラ部隊を組織した。後に聞き取り調査をした人類学者によれば、ビームは知性的な男で読み書きができ、強力なリーダーシップとカリスマ性を持ち、預言者的な神憑りもしたという。ビームは政府側からの「新しい土地の贈与」という提案をすべて拒否し、ひたすら役人と“よそ者”からの解放、奪われた財産と森に対する伝統的な権利の返還を求めて一歩も譲らず、すべての交渉は決裂した。

1940年まで続く長い武装闘争は散発的だったが、警察は特殊部隊を送り込んでもビームを捕らえることができず、賄賂で仲間の密告を画策した。ビームの最後の居所は、そのようなゴーンド人仲間の“裏切り”で発覚した。10月27日早朝、降伏を迫りながら集落に接近する警察に向かってビームが空砲を撃つと、それが合図となって銃撃戦が始まった。最終的にビームを含む10数人が殺害された。ビームの生還を恐れた警察は、遺体を姿かたちが分からなくなるまで撃ち続けたといわれる。

ふたりの亡きあと

映画とは異なり、ラーマ・ラージュとビームが出会ったことはない。ビームがアッサムにいるときにランパ蜂起について聞き影響されたという説があるが根拠はない。ただし、ラーマ・ラージュに対する2年間の“大捕物”はしばしば報道されたので、ビームがそれをどこかで聞き及んでいたとしてもおかしくはないだろう。その後忘れ去られていったものの、少なくとも当時彼の死に際しガンディーやネルー、スバース・チャンドラ・ボースら名だたる民族運動家が哀悼の意を表明するほど、ラーマ・ラージュには全国的知名度があったのである。

ランパ地方ではラーマ・ラージュが殺された後も、残されたコーヤ人の指導者によって反乱が継続した。しかしまもなく彼らも殺害されるか投獄されるかした。反乱を生き延びた者の中には後に独立インドの国会議員になった者もいる。しかし東ガーツ山脈の森はその後も一貫して過激な反政府武装闘争の中心地でありつづけ、特に1960年代以降は過激派のトライブと貧農が潜伏する極左武装闘争の現場として恐れられた。日本の外務省は現在までもここを危険地域として訪問自粛を呼びかけている。

ランパ蜂起がアーンドラ地方の民衆の間で村芝居となって語り継がれていったことは、1950年代の出版物からわかる。ゆかりの地には墓が作られ、各地に像や記念碑が建てられた。そんな民衆の記憶を決定的にしたのは、1974年の映画『アッルーリ・シーターラーマ・ラージュ』(Alluri Seetarama Raju, 未, テルグ語, 1974) である。以来彼の名前は多くのテルグ語映画で引用され、小学校の学芸会の定番演目になった。いまもアーンドラ地方のどこかで、托鉢僧に扮した男子児童の口から映画のラーマ・ラージュが死の直前に放った決め台詞を聞くことができる。

他方コムラム・ビームの名は、長い間広く一般民衆に知られることはなかった。しかし彼の存在は残された人々によって神格化され、テルグ暦の命日には殺害された場所で法要と儀礼が執り行われるようになった。ビームの武勇は民謡となり、反乱のスローガン「水と森と大地を」は先住民運動のスローガンとなって受け継がれた。ランパ蜂起と同じくゴーンド蜂起も、独立インドの共産主義的武装闘争に霊感を与えたが、それが再発見されるようになったのはテランガーナ分離運動が本格化してからである。テランガーナの人々によって郷土史の掘り起こしが進むなか、1990年に伝記映画『コマラム・ビーム』(Komaram Bheem, 未, テルグ語, 1990) がテルグ語映画の最高賞であるナンディ賞を受賞すると、ビームの名は晴れてテルグ人全体の知るところとなったのである。

現在ふたりの名前は県名に刻まれている。それぞれ、アーンドラ・プラデーシュ州のアッルーリ・シーターラーマラージュ県 (Alluri Sitharamaraju District) と、テランガーナ州のクムラム・ビーム・アーシファーバード県 (Kumuram Bheem Asifabad District) である。

参考文献

スミット・サルカール　1993『新しいインド近代史』I・II　研文書院。

辛島昇ほか監修　2012『新版　南アジアを知る事典』平凡社。

Atlury Murali 2014. 'Tribal Armed Rebellion of 1922-1924 in the Madras Presidency: a study of Causation as Colonial Legitimation', in Crispin Bates and Alpa Shah ed. *Savage Attack, Tribal Insurgency in India*, New Delhi: Social Science Press.

—— 1984. 'Alluri Sitarama Raju and Manyam Rebellion 1922-24', *Social Scientist*, 12(9), 3-33.

Akash Poyam Oct.16, 2016. 'Komaram Bheem: A forgotten Adivasi leader who gave the slogan 'Jal Jangal Jameen'', in *Adivasi Resurgence*. (http://adivasiresurgence.com 2023/08/04参照)

Arnold, David 1982. 'Rebellious Hillmen: he Gudem-Rampa Rising, 1839-1924', in Ranajit Guha ed. *Subaltern Studies I, Writing on South Asian History and Society*, Bombay: Oxford University Press, Bombay.

Chaudhri, Sashi Bhusan 1955. *Civil Disturbances During the British Rule in India (1765-1857)*, Calcutta: World Press.

Fürer Hamendorf, Christoph von 1945. *Tribal Hyderabad*, Hyderabad: The Revenue Department, Government of H.E.H. the Nizam.

—— in collaboration with Elizabeth von Furer Haimendorf 1979. *The Gonds of Andhra Pradesh, Tradition and Change in an Indian Tribe*, New Delhi: Vikas Publishing House Pvt Ltd.

The Hyderabad State Committee appointed for the compilation of a History of the Freedom Movement in Hyderabad 1956. *The Freedom Struggle in Hyderabad (A connected account)*, vol.2, Hyderabad.

J Mangamma. 1983. *Alluri Sitarama Raju*, Hyderabad: A.P. State Archives.

sunkara satyanaaraayana 1984. *siitaaraamaraaju (burra katha)*, (in Telugu), Vijayawada: Vishalandhra Publishing, (8th ed., 1st published in 1953)

参考映画（すべてテルグ語）

『Aggi Ramudu』(1954年)
『Asadhyudu』(1968年)
『Alluri Seetarama Raju』(1974年)
『Sardar Papa Rayudu』(1980年)
『Komaram Bheem』(1990年)

著者略歴

山田桂子
やまだ けいこ

茨城大学人文社会科学部教授。専門はテルグ語地域の近現代史。『ＲＲＲ』以外にも『バーフバリ 伝説誕生』『バーフバリ 王の凱旋』『マガディーラ 勇者転生』『サーホー』など、日本で公開された数多くのテルグ語映画の字幕監修を担当。

山田タポシ
やまだ たぽし

茨城県水戸市在住。Web制作などを生業としながら、映画上映や上映後トークイベントの企画、MCなどに携わる。ラジオパーソナリティとしても「ぱるるんシネマ倶楽部」（FMぱるるん）でインド映画などの情報を発信している。

ＲＲＲをめぐる対話
大ヒットのインド映画を読み解く

発行日
2023年12月15日　初版第1刷

著
山田桂子　山田タポシ

編集
安宅直子

造本
矢野のり子（島津デザイン事務所）

地図
斉藤義弘（株式会社周地社）

発行者
木田祐介

発行所
株式会社 PICK UP PRESS
〒132-0034
東京都江戸川区小松川 1-2-1-1005

印刷・製本
シナノ書籍印刷株式会社

Printed in Japan
ISBN978-4-910502-03-8